Cheiron K. Sperber □ Der große Sprung

Cheiron Knuth Sperber

Der große Sprung

Ist die Menschheit im Arsch?
Müssen wir immer mehr produzieren?

Alle Rechte vorbehalten
Herstellung: Books on Demand GmbH
ISBN 3-8311-0519-7

Meinen Eltern: Christa und Edo

Wenn nicht mehr Zahlen und Figuren
sind Schlüssel aller Kreaturen.
Wenn die, so singen oder küssen,
mehr als die Tiefgelehrten wissen,
wenn sich die Welt ins freie Leben,
und in die Welt wird zurückgegeben,
wenn dann sich wieder Licht und Schatten
zu ächter Klarheit werden gatten,
und man in Märchen und Gedichten
erkennt die ew'gen Weltgeschichten,
dann fliegt vor einem geheimen Wort
das Ganze verkehrte Wesen fort

Novalis

Inhaltsverzeichnis

Vorwort 11

Einleitung 15

Wer möchte im Leben nicht erfolgreich sein?
Unser gesamtes Wirtschaftssystem rankt sich
um Geschäfte, Produkte und Erfolg

1. Kapitel 25

Scheiße und Arsch, die (beinahe) häufigsten
Begriffe unserer Umgangssprache? - Das
wachsende Unbehagen. - Das Ungleichgewicht
zwischen Qualität und Quantität in allen
Lebensbereichen.

2. Kapitel 42

Produzieren und Geschäfte machen, die
Befreiung aus der kindlich - analen
Entwicklungsstufe? - Ist Geldverdienen unser
heutiger höchster Lebenssinn? - Wie habe ich
Erfolg, auf dem WC und im Leben? - Der
Mensch als lebendige Raffinerie, muß er
immer raffinierter werden?

3. Kapitel 61

>>Verdammte Scheiße!<< - >>Verdammt in
alle Ewigkeit?<< Was wünschen wir herbei,
wenn wir unseren Kot verfluchen?

4. Kapitel..71
Der Umschlags-Punkt oder die Wende,
>>knackiger Arsch<< und >>schöne
Scheiße<<, die positive Bewertung.

5. Kapitel..86
Zwischenbilanz, das Gesäß, der Ort des
Umschlags, der Wendepunkt, von einer
materialistischen Weltkultur in eine zukünftige,
mehr geistig orientierte Welt.

6. Kapitel..105
An sich arbeiten, die Arbeit der Zukunft. Die
Erlangung von Bewußtheit, daß neue Lohn-
und Gewinnprinzip.

7. Kapitel..123
Die neue Währung, die Bereitschaft zur
Wahrheit? – Die Tendenz zu Einheit und
Liebe? – Wofür steht unserer heutiges Geld
wirklich – die Ablösung der bisherigen
Geldwirtschaft.

8. Kapitel..139
Sich torquieren, Gelinkigkeit, Abmerksamkeit
und sich unterwinden. – Die Notwendigkeit
neuer Fähigkeiten für den bewußten Umgang
mit der unteren Körperhälfte. – Unsere Beine
als Ersatz für unseren verlorenen Tierschwanz.

9. Kapitel 153

Die Aura, das menschliche Energiefeld, unsere persönliche Atmosphäre. Die Notwendigkeit der Integration unseres Energiefeldes in unser tägliches Leben.

Das höhere Energieniveau. – Adelig, das zukünftige menschliche Erwachsensein. – Ohne entsprechende Wurzeltiefe keine ausgewachsene Krone.

10. Kapitel 173

Die Fähigkeit der Jugend zu großen Sprüngen als Ausdruck einer generellen gesellschaftlichen Entwicklung. – Die Bewußtwerdung des tiefen Zentrums in unserer Körpermitte, um das sich alles dreht.

11. Kapitel 185

Das Patentrezept für heute steht schon in der Bibel: Metanoete! Es lautet: >>Denkt um!<<. – Die Ähnlichkeit von geistigen und körperlichen Sprüngen.

12. Kapitel 197

Das Geheimnis des mentalen Wahnsinns, Spin und Gegenspin, das Zuviel an patriarchialem Rechtssinn (Spin) und das Zuwenig an matriarchalem Linkssinn (Spin).

Vorwort

Ich schreibe dieses Buch für alle Menschen, die in diesen Jahren mit dem Paradigmawechsel und ihrer persönlichen Transformation befaßt sind; für alle, die mit neuen geheimnisvollen Wahrnehmungen und Gefühlen konfrontiert werden und sich vielleicht zum ersten Male in ihrem Leben ihren besonderen, bisher nie verwirklichten Fähigkeiten stellen.

Ich meine, die Zeit ist reif, unseren persönlichen subjektiven Wahrnehmungen, die bisher wissenschaftlich kaum oder garnicht untermauert werden konnten, mehr Gehör zu schenken. – Wo herkömmliches wissenschaftlich – mentales Verständnis dem Menschen nicht mehr ordnend und hilfreich zur Seite steht, sondern ihn eher belächelt und ihn als Spinner auszugrenzen versucht, bedarf es einer neuen, ganzheitlichen, supramentalen Transparenz.

Wir leben heute in einer Welt, die das Objektive immer noch eindeutig bevorzugt und sind bisher auch immer noch stolz darauf. Spätestens seit den Albert Einstein – Max Planck´schen Gesetzen wissen wir, daß diese unsere noch bevorzugte Objektivität nur eine Wahrnehmungsweise unter vielen ist. –

Die Menschheit springt in diesen Jahrzehnten unwiderruflich auf ein übergeordnetes Bewußtseinsniveau. In diese neue Situation wachsen wir durch einen Paradigmawechsel hinein. - Das bisherige Niveau entspricht unserem bisherigen mentalen Bewußtsein, das neue, übergeordnete Niveau, das das Subjektive miteinbezieht, entspricht der neuen supramentalen Bewußtseinsstufe des Menschen.

Der indirekten und virtuellen Welt der Medien und ihrem Weltverständnis stelle ich eine direkte Welt aus Bildern, Metaphern, wissenschaftlichen Ergebnissen und Analogien entgegen.

Ich nehme den Kosmos und den Menschen darin als ein einziges plasmatisches Wesen wahr. Um dieses Wesen transparenter zu machen, verknüpfe ich in diesem Buch ganz Naheliegendes mit Weitentferntem, Kleinstes mit Größtem, Innerstes mit Äußerstem und Lebendig – Körpernahes mit Mathematisch – Abstraktem zu einem energetischen Netz. Es soll dem interessierten Leser helfen, den Abschied von der Dominanz der mentalen Entwicklungsstufe und den Sprung in das neue supramentale Zeitalter zu wagen.

Geldverdienen, Produzieren und Erfolg haben sind zur Zeit noch die höchsten Werte unserer Gesellschaft. Umweltzerstörung und Selbstentfremdung des Menschen lassen sich hierauf zurückführen.

Die Menschheit befindet sich in einer sprunghaften Veränderung, die alle Lebensbereiche um-
faßt. Die Sinnhaftigkeit zentralster Lebensbereiche wie Arbeit, Erfolg und Geldverdienst bedarf
heute einer unvoreingenommenen Hinterfragung

Dieses Buch zeigt in außergewöhnlicher Weise,
mit welchen revolutionären Veränderungen wir
bereits in naher Zukunft rechnen müssen.

Hamburg   Juli 1999

Einleitung

Echter menschlicher Fortschritt ist unaus-
weichlich. Er ist mit der Bewegung und Pulsa-
tion der Gestirne verbunden.
In größeren Abständen müssen wir uns sogar
sprunghaft fortbewegen. Dieser sprunghafte
Fortschritt bezieht sich auf Bewußtseinssprün-
ge (Erkenntnissprünge).
Dafür müssen wir als Mensch vorübergehende
Rückschritte, wie z.B. den „technischen Fortschritt" in Kauf nehmen. Wir benötigen unseren heutigen technischen Fortschritt als eine
Art Schwungholen und Anlaufnehmen für den
großen Sprung auf die sich jetzt entfaltende
neue, supramentale Bewusstseinsstufe

Die abendländische Welt steht vor einer Jahrtausendwende, zweitausend Jahre nach Christi Geburt, zweitausend Jahre nach der Entdeckung der
Liebe. – Viele Menschen spüren in der heutigen
Zeit , daß wir uns in einem rasanten Umbruch
befinden, sprunghaften Veränderungen ausgesetzt
sind und vor einem tiefen Wandel (Wende) stehen. –

In der abendländisch – christlichen Zivilisation
schwimmen wir im materiellen Reichtum verglichen zu früheren Jahrtausenden. Wir sind eingebunden in ein hochkomplexes Staatssystem, das
uns Ernährung, Zerstreuung, ein soziales Netz,
individuelle und rechtliche Sicherheit gewähren
soll.

Sind wir in diesem System wirklich glücklich? – Wirklich zufrieden? Wirklich gesund? Wirklich frei? – Und wie ist es mit der großen Verheißung der Liebe? Begleitet sie uns durch unser Leben, wie ein starkes Seil, das uns Halt und Sicherheit gibt? – Das genaue Gegenteil ist meines Erachtens der Fall: Äußerlichkeit, Fassade, Theater und Schminke sind die anerkannten Mittel der Gesellschaft, hinter denen sie sich verbirgt. Blickt man etwas genauer hinter die aufwendig gestylte Fassade der Reichen, scheint hier das seelische Elend eher noch größer als bei der großen Masse.

Verlogenheit und Scheinheiligkeit bei allem, was wir selbst und andere tun, wird uns immer bewußter. Wir entschuldigen uns gerne damit, doch nur ein kleines Rädchen im großen System zu sein und nichts ändern zu können. Ausdrücke, häufig in Form von Kurzfragen wie: „in echt?" – „ehrlich?" – „in wirklich?" – „Bist Du sicher?" stehen hoch im Kurs und werden vielen Sätzen vorangestellt oder angefügt. – Verlogenheit und Scheinheiligkeit sind Ausdruck einer tief durch uns hindurchgehenden Spaltung. Von den meisten wird sie nicht einmal mehr wahrgenommen. Je mehr ein Mensch bereit ist, diese innere Spaltung auszuhalten oder zuzulassen, um so mehr ist er an das alles regelnde System angepaßt, um so besser geht es ihm im Allgemeinen in der Gesellschaft, um so mehr Geld verdient er, um so besser schwimmt er im Strom des allgemeinen gesellschaftlichen Geschehens.

Produktivität und Erfolg sind die Maxime der Gesellschaft. Sie sind die Voraussetzung für das begehrte Geld, der einzigen Gottheit, die sich ungeteilter Anbetung erfreut! *Keiner schämt sich, Götzendiener zu sein!* – Einerseits wird die Frage nach mehr Sinn in unserem Leben immer lauter und der Ruf nach neuen Werten immer stärker, andererseits ist ein Ende der Umweltvergiftungs- und Müllspirale, als ein besonders gravierender Ausdruck unseres heutigen Systems, noch nicht in Sicht.

Die zunehmende Gier nach mehr Geld um jeden Preis ist für den Einzelnen im täglichen Leben und in den Medien ständig gegenwärtig. – Der Ruf nach neuen Produkten, die unseren Lebensstandard erhalten sollen, übertönt bisher noch laut den Ruf nach neuen Denkansätzen, nach neuem Denken, das mehr Sinnhaftigkeit und neue Werte anvisiert.

Ich werde in diesem Buch Bedeutung und Wirkung des Geldes und unserer Produkte in einer atypischen und grundlegenden Weise untersuchen, in der Hoffnung, hierbei auf einen neuen Weg in die Zukunft zu gelangen:

Erfolghaben, Geschäftigkeit, Geschäftemachen, Geldverdienen um jeden Preis, Produktivität und Produktveredelung sind alles Begriffe, die einen sehr hohen Stellenwert in unserer Gesellschaft haben. – Jeder weiß, worum es geht. Wir kennen unsere Produkte. Ein sehr großer Teil davon landet sofort oder nach relativ kurzer Zeit auf den Mülldeponien im In- und Ausland, auf dem Meeresgrund oder in der Luft. – Den wenigsten unter uns ist wirklich bewußt, wieviel „Produzieren" und „Erfolghaben" mit unseren ureigensten körperlichen Bedürfnissen im Zusammenhang mit Nahrungsaufnahme und Nahrungsverwertung zu tun hat. – In einer zunehmend gespaltenen Welt, in der wir durch den zivilisatorischen Fortschritt immer mehr gezwungen werden, nur noch unsere rationale Hirnhälfte zu verwenden, wird auch unser teuerstes, unser Gehirn zunehmend gespalten, zu Schrott, Abfall oder Müll. – Das instinktsichere Wissen früherer Jahrtausende, der wichtigste Teil menschlicher Ur-Weisheit, scheint uns immer mehr verloren zu gehen: Wie oben so unten – wie innen so außen – wie im Kleinen so im Großen – in früheren Jahrtausenden in allen Kulturen symbolisiert oder direkt dargestellt, scheint, in einer Zeit der extremen Äußerlichkeit, Verpackung, Fassade und persönlichen Maske, verloren zu gehen. – Damit fehlt die Balance, der stabilisierende Gegenpol!

>>*Sind wir im Arsch?*<< ist der Untertitel dieses Buches. Wir leben in einer Zeit, in der Unterkörper und besonders Gesäß bei Männern und Frauen laut Umfragen Hauptanziehungspunkt und Blickfang darstellen. Auch in früheren Epochen wurde vorübergehend das Gesäß betont, z. B. durch die Art der Kleidung, doch nie so unverhüllt, so offensichtlich, so eindeutig wie in der heutigen Zeit. In den Zeitschriften, im Fernsehen, auf den Theaterbühnen, beim Sport, am Strand: das Gesäß wird uns dargeboten, entweder weitgehend hüllenlos oder mit enganliegender Kleidung, fast wie nackt wirkend. Das Zurschaustellen des Gesäßes wird zur Selbstverständlichkeit. Haben wir dabei nur das Knackige und Süße, das Lust und Sinnlichkeit verspricht, im Hinterkopf, wenn es uns gefällt, uns derart zu produzieren? – Gleichzeitig scheint die Benutzung von Begriffen, Kraftausdrücken, geflügelten Worten und allgemeinen Redewendungen des Alltags, die sich auf das Gesäß beziehen, immer noch zuzunehmen. Ausdrücke wie >>*Du Arsch*<< oder >>*Du Arschloch*<< – >>*Verdammte Scheiße*<< – >>*Ich habe Scheiße gebaut*<< – >>*Rette Deinen Arsch!*<< usw. werden im Volksjargon immer häufiger benutzt und werden schließlich auch immer mehr in den offiziellen Sprach-

gebrauch miteingeflochten. Ich nehme diese nie dagewesene gesellschaftliche Akzentuierung der unteren Körperhälfte und speziell des Gesäßes einschließlich des Anus zum Anlaß, um nach verborgenen gesellschaftlichen Aspekten zu suchen, die sich hinter dieser offenkundigen Zivilisationserscheinung verbergen könnten.

Der Zusammenhang von Geld, Gold und Kot ist den Psychologen schon seit langem bekannt. Mit dem Märchen vom Esel, der Golddukaten kackt statt Kot, wird seit altersher auch die Verbindung von Kot, etwas produzieren und Geld hingewiesen. – In einer Zeit wie heute, in der Geldbeschaffung und -vermehrung das zentrale Anliegen aller ist, muß es uns nicht wundern, wenn das Gesäß ebenfalls eine zentrale Stellung bekommt. –

Doch damit nicht genug! Wie ist es mit dem Geschäftemachen, dem Produzieren und vor allen Dingen mit unseren Produkten, denen wir heute unseren hohen Lebensstandard verdanken? -

Ein kleiner Junge sitzt auf dem Töpfchen, seine Mama fragt ihn: *>>Hast Du großes oder kleines Geschäft gemacht?<<* Ein wenig später kommt Papa und fragt: *>>Bist Du fertig? Laß mal sehen, was Du da produziert hast?<<* - Der Kleine ist stolz auf sein Produkt, sein Gesichtsausdruck spiegelt Stolz und Freude.

Als Kleinunternehmer wird er später genau den gleichen Gesichtsausdruck haben, wenn er den Ausstoß seiner Firma erhöht hat. – Ein weiteres Beispiel: Eine Krankenschwester kommt in ein Krankenzimmer einer Klinik und fragt einen älteren Herrn: `>>Haben Sie Erfolg gehabt?<<` Er nickt, dann wischt sie ihm den Po ab und hilft ihm vom Klostuhl. –

Wer möchte im Leben nicht erfolgreich sein? Unser gesamtes Wirtschaftssystem rankt sich um Geschäfte, Produkte und Erfolg.

Steht unser Gesäß nun mehr für Erotik und Sexualität oder dreht sich doch nur wieder alles um Geld und Macht? – Sicher, Sexualität hat einen sehr hohen Stellenwert, doch Geld und Macht scheinen am Ende dennoch die Nase vorn zu haben! Im Grunde läßt sich diese tiefreichende Frage ganz einfach beantworten: Mit der Ausklammerung von Sexualität aus ihrem Leben können sich viele notgedrungen abfinden, das Leben kann auch ohne Sexualität noch weitergehen, ohne die Möglichkeit sich zu entleeren ist jeder, ohne Ausnahme, rasch am Ende.

Unsere Produkte stehen in engster Beziehung zu dem Problem der Umweltverschmutzung. Wenn wir so weiter machen wie bisher und wenn die dritte Welt wie bisher uns alles nachmacht, müssen wir befürchten, unseren Planeten in kurzer Zeit für uns unbewohnbar gemacht zu haben. Mit unseren Produkten, in der bisherigen Form, vergiften wir uns am Ende selbst. -

Ein *Produkt* besteht bekanntlich aus mindesten zwei Faktoren, z.B. Qualität und Quantität. Der qualitative Faktor füllt die Museen, der quantitative Faktor die Mülldeponien und vergiftet Luft, Wasser und Erde. Berücksichtigen wir die Entwicklung der letzten Jahre und betrachten wir besonders die schnelle Innovationsrate im elektronischen Bereich, entsteht der Eindruck, als ob in der letzten Zeit Müll (= Quantität, wertarme Masse) noch schneller als bisher produziert wird.

Die allgemeine Tendenz zu Masse und Quantität bei Vernachlässigung von Qualität scheint bisher ungebrochen, am deutlichsten in meinen Augen in den Supermärkten, besonders an den Gemüseständen wahrnehmbar. Besteht vielleicht auch für uns Menschen die Gefahr, so wie unser Gemüse und Obst zu werden, ohne daß wir es rechtzeitig bemerken? – Äußerlich fast gleich und schön anzusehen, generell überwüchsig und künstlich haltbar gemacht, aber geschmacklos und qualitativ eindeutig minderwertig!

Die Beschäftigung mit Gesäß und Anus hat beim Schreiben dieses Buches für mich einen zweiten grundlegenden Aspekt zu Tage gefördert: Die Eigenschaft des Gesäßes als wesentlicher Motor für Bewegung und Sprung auch im übertragenen Sinn. *Revolutionäre Schritte* in Gesellschaft und Technik haben zu einer *sprunghaften* Veränderung in unserer Gesellschaft geführt. Wir stehen vor einem *Sprung in das nächste Jahrtausend.* – Wir werden als Menschheit mit den bisherigen Denkmustern nicht überleben können. Die Diskussion um Produktivität, erfolgreicher Wirtschaft und Arbeit für Alle dreht sich im Kreis. Auch hier müssen wir einen Sprung machen.

Ich suche in diesem Buch nach ursprünglichen Qualitäten des Menschen auf der Basis seiner ureigensten Körperlichkeit, die es ihm ermöglicht, nicht nur große Sprünge im Sport, sondern auch auf geistiger Ebene zu machen. Mir geht es darum, die heutige gesellschaftliche Entwicklung transparenter zu machen. Die Analyse der Umgangssprache ist dabei für mich eine wertvolle Hilfe, um Zeitströmungen besser zu erkennen. Ich sehe in der unverstellten Ausdrucksweise des Volkes einen hochsensiblen Indikator für den augenblicklichen Bewußtseinszustand der Gesellschaft. – Um das Zeitgeschehen transparenter zu machen, verknüpfe ich einfache Naturaspekte mit komplizierten Kulturerscheinungen und anspruchsvollen wissenschaftlichen Ergebnissen. – Ich vergleiche einfache körperliche Gegebenheiten mit den großen zivilisatorischen Spannungsfeldern und spüre hierbei allgemeine Entwicklungstendenzen auf. Ich versuche für den Leser das Ganze wahrnehmbar werden zu lassen, indem ich Inneres und Äußeres, Größtes und Kleinstes, Offensichtliches und noch Unsichtbares, Unbewußtes gegenüberstelle.

Ich bin mir bewußt, daß ich bei vielen Bildern und Gleichnissen für gar nicht wenige Menschen in ein Fettnäpfchen treten werde, besonders für diejenigen unter uns, die zu allen Zeiten am Leid ihrer Mitmenschen gut verdient haben. – Ich hoffe, mit diesem Buch denjenigen Menschen ein wenig Mut zu machen, die bereits die Kraft hatten, sich selbst und den augenblicklichen Zustand unserer Zivilisation zu hinterfragen. Ich wende mich an all diejenigen Menschen, die in unserer heutigen Zeit mit der Subjektivität unseres Lebens, mit geheimnisvollen Wahrnehmungen und Gefühlen konfrontiert werden. Ich möchte für sie neue zukünftige Lebensmuster neben den alten Denkmustern ausbreiten. In einer Zeit, in der so viele Menschen am Sinn des Lebens zweifeln und die Menschheit >>*im Arsch*<< zu sein scheint, bietet dieses Buch einen Ausweg aus der Krise an.

1. Kapitel

Scheiße und Arsch, die (beinahe) häufigsten Begriffe unserer Umgangssprache? - Das wachsende Unbehagen. - Das Ungleichgewicht zwischen Qualität und Quantität in allen Lebensbereichen.

> Die Wiederentdeckung des Wertes, das Suchen nach einer neuen Balance zwischen Qualität und Quantität, ist das wahre Thema unserer Zeit.

>>Rette deinen Arsch! - Bring Deinen Arsch in Sicherheit! - Ich habe mir für dich den Arsch aufgerissen! - Du Arschloch! - Wir sitzen alle in der gleichen Scheiße! - Und ich soll dich jetzt aus der Scheiße ziehen? - Du bist ein Scheißkerl! - Ich bin froh, diese Scheißarbeit endlich erledigt zu haben! - Du mußt mich nicht gleich anscheißen, nur weil ich mal Scheiße gebaut habe.<<

Diese kurze Aufzählung von markanten Kraftausdrücken ließe sich fast endlos erweitern. Allein die Häufigkeit ihrer Benutzung sagt bereits sehr viel über die Gewichtigkeit der Begriffe und ihre Bedeutung für unser gesamtes Leben aus. Sie werden gebraucht im Privat- und Sozialbereich, im Arbeitsleben und auch schon in der Öffentlichkeit. - Die sogenannten einfachen Bevölkerungsschichten benutzen die analen Kraftausdrücke bis heute deutlich häufiger und ungenierter als die feinen Leute. Damit soll keineswegs zum Ausdruck gebracht werden, daß der Themenkomplex, der sich um unsere untere, hintere Körperhälfte rankt, in vornehmen Bevölkerungskreisen weniger bedeutungsvoll wäre. Ich vermute eher das Gegenteil. Allerdings kommt in diesen Kreisen die Beziehungsnähe meistens nicht offen zum Ausdruck, sie erscheint verdeckt oder getarnt, zum Beispiel als unstillbarer Drang nach immer mehr Geldbesitz und materiellen Gütern, als übertriebener Reinlichkeitsdrang oder der Benutzung einer gespreizten, vornehmen Ausdrucksweise, die nur Ausscheidung, Exkremente, Fäkalien und ähnliche Begriffe kennt.

Wir erleben in den letzten Jahren, wie die analen Kraftausdrücke immer mehr gesellschaftsfähig werden, einhergehend mit der Betonung des Unterkörpers, speziell des Gesäßes, zum Beispiel in allen Medien, Illustrierten und in der Mode. Diese Betonung des Gesäßes geht mit einer Steigerung des Ansehens des Geldes als zentrales und höchstes Gesellschaftsgut einher wie bereits am Anfang erwähnt.

Wir wollen in diesem Kapitel einige Kraftausdrücke auf ihre tiefere Bedeutung untersuchen. Der oberflächliche Sinngehalt ist im Allgemeinen klar, jeder weiß sofort, worum es geht und was gemeint ist. Mich interessiert hier mehr die tiefe, nicht ausgesprochene Aussage einer Redewendung. - Ein Volk, eine große Sprachgemeinschaft hat als „umfassendes komplexes Wesen" selbstverständlich auch „Tiefe", auch wenn die große Masse den oberflächlichen Small Talk als allgemeine Verständigungsform bevorzugt. Die flächendeckende Benutzung von Kraftausdrücken und geflügelten Worten legt nahe, daß das Volk in seiner Gesamtheit, die Volksseele, darin überein*stimmt*. Erhebt das Volk seine *Stimme* und *stimmt* in bestimmten Ausdrücken in auffallender Weise überein, brauchen wir nur noch nach dem *stummen,* nicht ausgesprochenen Anteil einer Redensart zu suchen, um an eine tiefe, von einer großen Menschenmasse getragenen Wahrheit, die vielleicht gerade an die Oberfläche drängt, heranzukommen. Die Werbebranche benutzt seit langer Zeit dieses Kraftfeld für ihre Zwecke. Frauen erkennen wegen ihrer größeren Instinkt- und Naturnähe eher als Männer, daß zu jedem gesprochenen Wort auch Körperhaltung und Gesichtsausdruck, im Grunde auch Ausstrahlung und sogar Geruch gehört. Der Wortlaut ist nur ein Teil der Aussage. Erst wenn **Stimme** und **Stumme** zusammenpassen können wir wirklich vertrauen. - Novalis sagt: ...und wenn sich wieder Licht und Schatten, zu echter Klarheit werden gatten...! - Untersuchen wir also Redewendungen mit Arsch und Scheiße auf ihre tiefere Aussage hin, um hierbei vielleicht zu neueren Sichtweisen unserer eingangs angesprochenen gesellschaftlichen Probleme zu gelangen.

>>Rette deinen Arsch!<< Ein geflügelt Wort, das im deutschen Sprachgebrauch noch eher selten benutzt wird. In amerikanischen Filmen und Fernsehserien kommt es auffallend häufig vor. - Wenn etwas gerettet werden soll, muß es in großer Gefahr schweben. Hier ist es der Mensch, der sich offensichtlich in erster Linie über seinen Arsch identifiziert. Wenn wir in Not sind und um Rettung bitten, rufen wir SOS, Safe our Souls, rettet unsere Seelen! - Für den modernen Amerikaner und in Zukunft sicher auch für den nachahmebereiten Europäer *scheint die Seele im Arsch zu sein*. Dieser Umstand ist doppelt betrüblich, denn erstens verwechselt der Mensch Seele mit Arsch und zweitens scheint er auch noch zu akzeptieren, daß seine Seele im Arsch ist, das heißt verloren ist. - Jean Gebser untersucht in seinem Werk: „Ursprung und Gegenwart" den von der Gesellschaft angenommenen Sitz der Seele im Laufe der Menschheitsgeschichte. In der magisch-heidnischen Bewußtseinsstufe ist es Samen und Blut, in der mythischen Stufe ist es Zwerchfell und Herz, heute denken wir überwie-

28

gend an Gehirn und Rückenmark, wenn wir in unserem mentalen Zeitalter versuchen, unsere Seele zu lokalisieren. Für die Zeit nach der „Wende", für das zukünftige supramentale, integrale Zeitalter, lokalisiert Jean Gebser die Seele noch weiter nach „oben und außen", zum Beispiel die Großhirnrinde. Für mich ist es mehr das Energiefeld über unserem Kopf, das wir als Heiligenschein kennen. Die Menschheit scheint wirklich im Arsch zu sein, zumindest ist sie sehr bedroht, wenn sie und ihre Seele so tief in der Scheiße stecken. Die Frage drängt sich auf, ob sie sich selbst oder sie nur noch ein göttliches Wesen aus der Scheiße ziehen kann. – Klar, daß es vielen Menschen beschissener geht, als sie es zugeben wollen, am deutlichsten wohl sichtbar in den Gesichtern der ganz Reichen, der unstillbare Hunger nach immer mehr Geld lastet offensichtlich schwer.

>>Keiner will sich anscheißen lassen. Dabei ist doch soviel Beschiß und Betrug in dieser Welt. – Wenn man uns angeschissen hat, fühlen wir uns beschissen. Ich laß mich von dir doch nicht anscheißen! – Die Politiker scheißen uns regelmäßig an, Kinder fühlen sich oft von ihren Eltern angeschissen. – Man kommt am schnellsten zu Geld, wenn man den anderen anscheißt!<<

Versuchen wir wieder eine Analyse, ähnlich wie im vorigen Abschnitt. - Jeder weiß, was gemeint ist, aber offensichtlich nur oberflächlich, passend zu unserer oberflächlichen Egowelt, schließlich gibt es im täglichen Erwachsenenleben keine Situation, in der eine bestimmte Person eine andere direkt anscheißt, sie direkt mit Kot beschmutzt. Also muß die eigentliche, tiefere Bedeutung dieser Redewendung aus einem tieferen, noch unbewußten Bereich kommen, doch gar nicht so sehr tief, sonst würden wir diese Worte nicht so häufig und so „flächendeckend" in unserer Gesellschaft benutzen. Wollen wir also Bewußtheit erlangen, müssen wir an den Punkt zurückgehen, an dem wir tatsächlich beschissen sind und als Erwachsene nachspüren, was wir damals vielleicht empfunden haben. - Als Kleinkinder, als wir noch in die Windel machten, als wir weder den Stuhlgang bewußt kontrollieren konnten noch uns selbst reinigen konnten, traf diese Situation zu (für die ganz Alten trifft sie auch wieder zu und schließlich auch für die Schwerstkranken und die Starkbehinderten).

Machen wir vielleicht jemanden zu einem Kind, zu einem niedrigeren tierischen Wesen, zu einem Abhängigen und setzen wir ihn herab, wenn wir ihn „anscheißen" und versuchen wir uns vielleicht dabei gleichzeitig größer zu machen, erwachsener zu machen, als es uns in Wirklichkeit zusteht? Die bewußte Beherrschung des Stuhldranges und die spätere Reinigung unseres beschmutzen Hinterteiles ist eine große menschliche Leistung, die uns erhöht, auf die wir stolz sein können. Im Umgang mit Pflegebedürftigen und Abhängigen haben wir die Möglichkeit, diesen Entwicklungsschritt, diesen menschlichen Reifegrad unmittelbar zu spüren. Berücksichtigen wir jetzt dieses tiefere Verständnis und springen wir wieder zu unserem normalen Geschäft und unserer normalen Produktivität. Versuchen wir uns dem sogenannten übertragenen Sinn auf dieser Ebene zu nähern. Geht es hier vielleicht ebenfalls um das Kleinmachen des Geschäftspartners und um das sich selbst Erhöhen. Nehmen wir zu viel *>>gutes Geld<<* für *>>minderwertige Ware<<*, das heißt: geben wir Wertloses für Wertvolles?. Wir erkennen auch an dieser Stelle, *daß der Gesichtspunkt des Wertes und das Bewerten eine zentrale und tiefe Rolle spielt*, dabei schwingt unsere Sehnsucht nach einem Wertewandel und mehr Sinnhaftigkeit unseres Daseins sowie das Interesse an dem Inhaltlichen und Qualitativen ständig mit.

Wenden wir uns an dieser Stelle einmal dem Werteproblem direkt zu: - Es ist allgemein bekannt, die westlich - abendländische Gesellschaft leidet unter einem Verfall ihrer ursprünglichen Werte, es besteht ein Wertemangel; der Ruf nach neuen Werten, nach einem Wertewandel steht mit dem Ruf nach mehr Sinnhaftigkeit des Lebens bei Umfragen an höchster Stelle. - Was waren in früherer Zeit höchste Werte? Ganz obenan stand der Glaube an eine höchste Instanz, an den höchsten Wert überhaupt, der Glaube an Gott. - Liebe, Freiheit, Glück sind unbestrittene höchste Werte - Würde, Lebensfreude, Gesundheit, Sicherheit sind allgemein anerkannt. Ethik und Recht waren zu allen Zeiten notwendige Übel, die eine Gesellschaft akzeptieren mußte, wollte sie nicht auseinanderbrechen. - Lebensfreude, Gesundheit und Sicherheit wurden in den letzten Jahren besonders groß geschrieben. Sind wir aber wirklich gesünder geworden? Fühlen wir uns auch innerlich sicher? Ich meine nicht. Haben wir Sicherheit vielleicht nur ausgelagert in Versicherungsgebäude und Immobilien?? Ist die Gesundheit, die wir uns mit unseren Beiträgen erkaufen, echt, wahr, ehrlich oder doch nur Schein? Wie ist es mit der Lebensfreude der *Reichen*, denen das Himmel*reich* doch offen stehen müßte? Wieviele erscheinen uns leer und mißmutig, freudlos, blicken wir einmal etwas hinter ihre aufwendig aufgebaute Fassade. Sind diese Reichen wirklich im Einklang mit den höchsten Werten?? Fragen wir nach dem Eigentlichen, daß einer Sache oder einem Menschen einen besonderen Wert verleiht. Was ist den oben aufgezählten Begriffen allen gemein? Welcher tiefste oder höchste Lebensaspekt ist in ihnen eventuell in einer besonderen konzentrierten Form gebündelt? - Sehen wir bei Wert im Herkunftswörterbuch nach und versuchen, uns dem tieferen, gemeinsamen Aspekt des Wertvollen zu nähern. Am schillerndsten und prägnantesten begegnet mir der Begriff Wert in der Ableitung des Ausdrucks „Werwolf", einem Mann, der sich zeitweise in einen Wolf verwandelt, ein Mannwolf. [Anm.] „Wer" bedeutet Mann, Mensch, im Lateinischen noch direkter als „vir", der Mann, erkennbar. Im Deutschen zum Beispiel in dem Fremdwort virtuos enthalten. Das deutsche Verb >>werden<< und der Begriff >>Würde<< sind mit dem Wert aufs engste verknüpft. Suchen wir jetzt nach der Essenz, dem tieferen Wert des Fleischhaufens Mann und gehen wir erneut in die Yin-Yang Symbolik, dann finden wir auf der männlichen Seite Inhalt, Qualität, das (rechte) Maß, den Geist, das Licht, das Werden.

In der Einleitung erkannten wir ein zuviel an Abfall und Müll als Grundübel in unserer Gesellschaft. Klar, daß wir dieses Übel mit mehr Wertvollem, mehr Werten irgendwie auszugleichen

---

[Anm.] Das Wölfische ist augenblicklich hochaktuell, das Weibliche versucht sich ebenfalls in ihrem Wesen wiederzuerkennen, die Wolfsfrau steht im Mittelpunkt eines großen Interesses.

suchen; also einem Mehr an inhaltlichen Dingen, an Qualität, mehr das rechte Maß in allem, die Mitte, die Balance als nur die große Masse. –

Wir fühlen uns offensichtlich angeschissen und beschissen, wenn wir bei einem Tausch, wie zum Beispiel Geld gegen Ware oder in einer Beziehung, der inhaltliche und qualitative Aspekt nicht stimmt, wenn er nicht in einer ausgewogenen Balance zu dem quantitativen Materie / Masse bezogenem formalen Aspekt steht. Allem Anschein nach ist der Wertaspekt meistens zu gering, dieser lichte, geistige, essentielle Anteil der dem Yang , dem Männlichen, dem Werden zugeordnet ist. – Klar, wir leben in einer Kultur, in der das Materielle deutlich überbewertet ist und sehnen uns nach einem Ausgleich, wenigsten nach der ewigen goldenen Mitte, auch wenn dies den meisten allem Anschein nach bisher nicht wirklich bewußt ist. Wenn wir in einem Handel, einem Geschäft zu viel Materielles zugeschoben bekommen, fühlen wir uns verarscht und angeschissen, verraten von der Welt oder von unseren Eltern verlassen.

In vielen Bereichen unseres täglichen Lebens kommt dieser Mangel an Wertvollem, Geistigem, Qualitativem zunehmend an die Bewußtseinsoberfläche, zunehmend zum Ausdruck. Die Tendenz zu Wegwerfprodukten, die Kurzlebigkeit unserer Industrieprodukte macht uns darauf aufmerksam. Es gibt sogar weltweit einen richtigen Industriezweig, der sich bewußt auf das *>>An-scheißen<<* verlegt hat. Ich meine die florierende Branche, die Imitationen von Qualitätsprodukten herstellt, von der unechten Rolex bis zu dem qualitativ minderwertigen T-Shirt mit der Aufschrift Lacoste. - Schauen wir auf die Kinder unserer Nachkriegswohlstandsgeneration. Ihre Eltern taten *>>Alles<<* für sie und haben sie mit materiellen Dingen und Süßigkeiten vollgestopft. Dennoch schafften es viele von ihnen nicht, den normalen Lebenskampf zu bestehen und verloren sich in Sekten und Drogen. Erst über eine Psychotherapie wurde so manchem Wohlstandskind klar, daß es zwar *>>Alles<<* hatte, es ihm aber an dem eigentlichen Wertvollen, mehr Qualitativen, besonders an Liebe, sehr gemangelt hat.

Die Balance zwischen Qualität und Quantität, zwischen dem rechten Maß und dem Massenhaften, dem Geistigen und dem Materiellen drängt sich in allen Lebensbereichen mehr in den Vordergrund. Nach außen suchen wir angestrengt nach neuen Produkten , die wir verkaufen können und mit denen wir unseren westlichen Wohlstand erhalten können. Geschickte Werbung versucht, den hierfür ewig Anfälligen einen Bedarf einzureden, doch im Inneren läuft bereits ein gegensinniger Prozeß. Dieser Prozeß scheint auf den ersten Blick bedeutungsloser, da er im Inneren und Verborgenen abläuft, vielen vielleicht kaum bewußt, noch fast unbewußt ist. *Und dennoch, die Wiederentdeckung des Wertes, das Suchen nach einer neuen Balance zwischen Qualität und Quantität ist meiner Meinung nach das eigentliche, wahre, echte und ehrliche Thema unserer Zeit.* Es klingt in diesen Adjektiven im Tageslauf wieder und wieder. Unser eigentliches Problem wird durch diese Beifügungen bereits ständig artikuliert. Diese Beifügungen klingen für mich wie die Obertöne eines Musikinstrumentes oder der Klang der unberührten, freien Natur. Sie weisen uns auf etwas hin, was wir vordergründig „nicht auf der Rechnung haben", obwohl dieses Etwas ständig untergründig, innerlich mitschwingt, und dies nicht nur bei den sogenannten „feinsinnigen Menschen" sondern auch bei den „einfachen" , wie in der allgemeinen Umgangssprache und der Benutzung von echt, ehrlich und wahr und wirklich als Beifügungen erkennbar. Die Neigung der Jugendlichen zu hochqualitativen Markenprodukten kann durchaus als „Beweis" für die hier dargestellte These herangezogen werden, bekanntlich lebt die Jugend ja bereits schon in der Welt von morgen.

Die Suche nach der Seele (die vielleicht doch nicht ihren Sitz im Arsch hat), sichtbar im Boom der Psychoszene, ist aus meiner Sicht eine Variante dieses menschlichen Entwicklungsprozesses. Aussteiger und alle Formen von Frührentnern sind wohl auch, wenn auch in einer anderen Weise, auf der Suche. - Qualität und Quantität spielen im Bereich unserer Ernährung und damit auch unserer Gesundheit eine zentrale Rolle. Wir sind stolz auf unser perfektes Gesundheitssystem. Wenn es da einmal „knackt", entsteht gleich Panik, egal, ob diese Panik direkt aus dem Volke kommt oder ob Politiker und Medien diese Panik erst schüren. Die Bereitschaft zur Panik ist zumindest im Volke vorhanden. Der BSE - Skandal hat vielen erstmalig gezeigt, wie sehr die Qualität unserer Nahrung gefährdet ist. - Tomaten, die nur noch nach Wasser schmecken und monatelang nicht schimmeln, riesige wässerige Kohlrabi, geschmacklose Radieschen ohne Schärfe, Eisbergsalat, der sich wochenlang im Kühlschrank hält, prächtige aromalose Birnen, riesige geschmacklose Pflaumen, Kartoffeln, die nicht mehr keimen; alles *äußerlich* appetitlich und eindrucksvoll, die Liste ließe sich endlos weiterführen. Kein Protest der Bürger oder Medien, der Handel übt keinen Druck auf die Produzenten aus. Die Bereitschaft, für natürlich-ökologisch hergestellte Nahrung mehr zu bezahlen, ist noch sehr gering. Das Vertrauen auf Wissenschaft und Technik im Nahrungsbereich ist im Grunde noch ungebrochen.

Billig- und Mehrproduzieren ist noch immer die Devise, die Frage nach der Qualität, dem Wert der Nahrung, scheint zweitrangig. - Die Geschmackserinnerung der Älteren scheint nachzulassen, die Jüngeren wissen bereits nicht mehr, wie eine Tomate schmecken könnte. Der Volksaufstand läßt noch lange auf sich warten.

Wässeriges Fleisch, in Mastställen auf praktischen Betonböden billig produziert, wird von der großen Masse der Verbraucher willig angenommen, egal ob von Rind, Schwein, Puter oder Huhn. Fast alle machen den Wahnsinn mit, erst die Aussicht, an Wahnsinn zu erkranken, scheint die Wahnsinnigen zu rütteln, erst an dieser Stelle bekommt der Qualitätsaspekt Relevanz. Zu sehr ist im Volke verankert, daß die dicke Wurst oder das große Stück Fleisch nur gut sein kann, auch wenn es nichts taugt. –

Unsere wissenschaftlich - technische Nahrungsmittelproduktion vermehrt die Quantität, die Masse unserer Nahrungsmittel, ob die Weizenproduktion pro Hektar vervierfacht wurde, die Gemüse- und Obsterträge pro Fläche erheblich zunahmen oder gar die Fleischproduktion von Säugetieren und Fischen auf engstem Raum. Wissenschaftliches Denken heißt Quantifizierung von Materiellem, Bestimmung vor allem von Größe und Gewicht. Die Qualität eines Produktes, seine Essenz, seine Wirkung als Ganzes, der spezifisch geistige Anteil neben dem Materiellen, sein Aroma, sein Duft, das Wesen seines Geschmackes, all dies ist auch heute noch wissenschaftlich nicht erfaßbar und spielt deshalb in dem großen wissenschaftlichen Konzert noch keine Rolle. Praktische wissenschaftliche Anwendung bedeutet fast immer Verleugnung dieses qualitativen, geistigen, feinstofflichen Anteils.

Wenn wir mit eingreifenden technisch wissenschaftlichen Methoden den quantitativen Anteil vermehren, muß zwangsläufig der qualitative Anteil aus der Balance, aus dem Gleichgewicht geraten und sich nachteilig verändern. Im Bereich von Obst und Gemüse wird dies inzwischen für viele deutlich. In anderen Bereichen ist es für die meisten Menschen nicht erkennbar. Vor kurzem wurde im Fernsehen gezeigt, wie Ratten Äpfel aus biologischem Anbau „Industrieäpfel" deutlich vorzogen, wenn sie die Möglichkeit der Wahl hatten. Dabei muß man noch bedenken, daß bereits diese Ratten, die für Qualitätsbestimmung benutzt wurden, sicherlich schon aus degenerierten Zuchten kamen. Der Wunsch nach schnellerer Gewichtszunahme bei Rindern, also nach der quantitativen Vermehrung von Fleisch, stand am Anfang des BSE - Skandals. Wissenschaftliche Versuche ergaben, daß vermehrte Tiereiweißzufuhr auch bei Pflanzenfressern die Fleischproduktion meßbar (d.h. quantifizierbar) erhöhen kann. Am Ende wollten alle nur etwas rascher verdienen. Der Bauer, der Futtermittelhersteller und natürlich auch der Wissenschaftler. Die Qualitätsminderung, wie bei anderen Lebensmitteln, hätte der Verbraucher noch lange „geschluckt".

Wir haben in diesem Kapitel die in der Umgangssprache überaus häufigen Ausdrücke Arsch und Scheiße einer näheren Betrachtung unterzogen. Dabei konnten wir feststellen, daß ihre Benutzung in Redewendungen und sogenannten Kraftausdrücken nur selten mit dem Inhalt der Ausdrücke direkt etwas zu tun hat. Es geht meistens um die übertragende Bedeutung, die zwar klar und selbstverständlich scheint, die aber dennoch nie direkt greifbar, nie konkret wird. Erst durch einen Annäherungprozeß über einfachste und grundlegendste Begriffe und Prinzipien war es möglich, den übertragenen Sinn konkreter zu machen. Wir leben in einer Gesellschaft, die materielle Dinge überbewertet. Arsch und Scheiße stehen in unserem körperlichen Bereich für Materielles. Sie sind der unteren und hinteren Körperhälfte zugeordnet. - Auch wenn diese tendenzielle Betonung unseres Hinterteils und der damit verbundenen Lebensaspekte nach außen hin ungebrochen erscheint, läuft bei vielen in nicht ausgesprochenem und übertragenem Sinn bereits deutlich eine Aufmerksamkeit für den zwangsläufig zu wenig beachteten Aspekt. Dieser wird der Gesellschaft als Wertmangel und Mangel an Sinnhaftigkeit zunehmend klarer, dabei stellen wir bereits unbewußt unseren derzeit höchsten Wert, den Wert des Geldes in Frage. Wir berühren damit die qualitativen und inhaltlichen Gesichtspunkte von allem. Mit der Benutzung von Begriffen wie Arsch und Scheiße nehmen wir sprachlich Bezug auf das Gleichgewicht zwischen dem materiellen und immateriellen, geistigen Aspekt unseres Daseins. In unserem wissenschaftlich materiellen, an Quantität orientierten Weltbild ist bisher noch kein offizieller Raum für den geistigen Aspekt. Geistiges ist überwiegend immer noch numinos, unfaßbar. Indem wir uns der „materiellen *Kraft*ausdrücke" vermehrt bedienen, zeigen wir als Menschen, daß wir sehr wohl zu diesem grundlegenden Lebensinhalt eine enge Beziehung haben.

2. Kapitel

Produzieren und Geschäfte machen, die Befreiung aus der kindlich - analen Entwicklungsstufe? - Ist Geldverdienen unser heutiger höchster Lebenssinn? - Wie habe ich Erfolg, auf dem WC und im Leben? - Der Mensch als lebendige Raffinerie, muß er immer raffinierter werden?

> Was produziert der Mensch, der kein Esel ist?
> Erkenntnis (Bewußtheit)!

Wir wollen auch in diesem Kapitel ständig benutzte Begriffe und Redewendungen aus dem täglichen Leben, die unserer materiellen Körperhälfte zugeordnet sind, auf ihre tiefere und nicht direkt ausgesagte Bedeutung untersuchen. - Um die Begriffe Produzieren, Geschäftemachen und Erfolgreichsein rankt sich unser gesamtes Wirtschaftsleben. Als Industrienation hängt unser Leben und unser Wohlstand hiermit aufs Engste zusammen. *>>Wenn wir produktiv sind, haben wir Erfolg<< - >>Wenn unsere Geschäfte gut laufen, geht es uns gut und wir fühlen uns wohl<<* Wenn wir uns nach dem Wohlbefinden eines Freundes erkundigen, fragen wir ihn, wie seine Geschäfte laufen. *>>Produktionssteigerung und Geschäftserfolg zeichnen einen erfolgreichen Unter-*

nehmer aus<< - >>Wir machen kleine und große Geschäfte. Das ganz große Geschäft läuft bekanntlich mit der schmutzigsten Ware, mit Waffen und Drogen. Das man damit überhaupt Geschäfte macht, stinkt zum Himmel!<< - >>Die Tricks, mit der sich Geschäftspartner gegenseitig übervorteilen, werden von Jahr zu Jahr raffinierter. Die Fähigkeit zu Verfeinerung von Rohprodukten verschafft den Industrienationen einen Vorteil gegenüber der dritten Welt<< - auch hier ließe sich die Kette der Beispiele endlos verlängern. *Geschäft und Produkt sind die Angelpunkte unserer westlich abendländischen Industrienationen.* - Der Leser merkt die Absicht und ist verstimmt...? Der Vergleich der Geschäfts- und Produktionswelt mit unseren Stuhlgewohnheiten drängt sich auf, der sprachliche Zusammenhang ist unüberhörbar. *>>Mama fragt den kleinen Fritz auf seinem Töpfchen, ob er mit seinem* **Geschäft** *schon fertig wäre. Papa greift sich nachdenklich ans Bärtchen und sagt zu der kleinen Monika: Laß mal sehen, was du da* **produziert** *hast!<<* - Daß man sich unwohl fühlt, wenn man keinen regelmäßigen Stuhlgang hat, weiß am besten die Pharmaindustrie, die Abführmittel (Laxantien) herstellt. *>>Die Krankenschwester kommt ins Krankenzimmer und fragt den Patienten, ob er* **Erfolg** *gehabt hat, bevor sie ihn vom Klostuhl oder Schieber nimmt.<<*

Der Mensch ist eine Raffinerie, wir stecken oben Essen und Trinken und Luft hinein, von oben nach unten wird die Nahrung bekanntlich aufgespalten wie in einer Crackanlage. Der Klarheit und Einfachheit wegen verzichte ich hier auf die gleichzeitige Betrachtung der verbrauchten Atemluft und des Urins. Auch das interessante Sexthema muß trotz seiner engen Nachbarschaft zu Gesäß und Anus aus den gleichen Gründen unbearbeitet bleiben. –

Der mentalgesteuerte Mensch des Computerzeitalters nimmt die gleichlautende Begriffe der Umgangssprache und der offiziellen Ausdrucksweise der Geschäftswelt zwar wahr, eine unmittelbare Beziehung der damit verbundenen Lebensbereiche dürfte er dennoch entschieden ablehnen. Schließlich gibt es im täglichen Leben häufig begriffliche Nachbarschaft bei den unterschiedlichsten Dingen. Wo kämen wir hin, wollten wir den Dingen des Lebens immer gleich so tief auf den Grund gehen! *>>Nein das geht zu weit, das eine ist reale Scheiße, das andere produziere ich mit meinen Händen und mit meinem Gehirn<<.*

Was wird aus dem mentalen Lebenstraum eines Otto Normalverbraucher, wenn er erfahren muß, daß in seinem menschlichen Gehirncomputer Kot und Produkt, Scheißen und Geschäft ganz nahebeieinander gespeichert sind. Die eine Festplatte liegt nicht etwa im schmutzigen Keller des Gehirns und die andere auf dem sauberen Dachboden. Geschäft und Geschäft haben einen gemeinsamen zentralen Mikrochip und erst wenn wir dem Computer die letzte geheime Frage stellen >>wozu das Ganze?<< gibt er sein Geheimnis preis und differenziert noch eine Stufe weiter. Doch darüber später!

Als Kind produzieren wir scheinbar nur reinen Abfall, reinen Kot, der sich seit Jahrtausenden in der freien Natur schnell zu Dünger und neuem Leben verwandeln kann. Der ewige Kreislauf der Natur ist hier noch unversehrt. Das kleine Kind lebt noch ganz in seinem Unterkörper und Bauch ähnlich wie Naturvölker. Je älter wir werden, je mehr wir am Zivilisationsprozeß teilhaben, um so größer wird unser unverweslicher Anteil, unser Müllanteil. Im hohen Lebensalter werden unsere Ansprüche wieder geringer, unsere Müllproduktion auch.

Nehmen wir einmal an, Erwachsenwerden und Reifen sei ein Urprinzip des Lebens, an dem es nichts zu zweifeln gibt. Wir können es bei Pflanzen und Tieren jeden Tag milliardenfach erkennen. Der Rhythmus des Lebens, der Rhythmus der Natur, ist erst dann *erfüllt,* wenn sich das Lebewesen Mensch wie ein Baum zu voller Größe und Schönheit entfaltet, um dann schließlich dem Tod und Untergang anheimzufallen. Könnte es vielleicht sein, daß der Mensch als sehr junges Glied in der Schöpfungskette seine Entfaltung bisher nur in den seltensten Fällen erreicht hat, daß er seine Entwicklungsmöglichkeiten normalerweise (noch) nicht ausschöpfen kann wie ein Baum, der in einer Schonung gepflanzt ist und der nie die Schönheit eines ausgewachsenen Solitärbaumes erreichen wird. - Wo ist der Punkt im menschlichen Wachstum, an dem vielleicht die entscheidende große Hemmung ansetzt? Kleine individuelle Wachstumshemmungen hat jedes menschliche Individuum milliardenfach zu verkraften. Herkunft, Elternhaus, Geschwister, Unfälle, die täglichen Mißgeschicke, Nation, Sprache, Ort und Zeit, alles zusammen prägt das unverwechselbare Individuum Mensch, prägt seine innere und äußere Erscheinung, prägt seine feinste Struktur. Wir befürchten heute, daß die Menschheit ihre Probleme, die wir als Umweltprobleme zunächst nur äußerlich orten, nicht in den Griff bekommt und sich selbst und die Bewohnbarkeit der Erde für sich zerstört. Dann wäre die Menschheit *am Ende* oder „im Arsch" (der Untertitel dieses Buches)und ihr jetziger Entwicklungszustand wäre dann wohl ihr Optimum. Eine göttliche Fehlkonstruktion?? Ich meine nicht! - Zu allen Zeiten gab es Menschen, die die große Masse weit überragten (erwachsener, ausgereifter waren?) und die den Entwicklungsprozeß der gesamten Menschheit entscheidend prägten und veränderten. Sie waren Führer, Propheten, Religionsstifter und Künstler. An ihnen können wir erkennen, daß menschliches Erwachsensein sich nicht nur darauf beschränkt, Nachkommen zu zeugen, um die Art zu erhalten, wie wir es für eine Tierspezies annehmen. - Im Kindesalter geht die Lebenskraft bevorzugt in die Körperentwicklung. Nach der Pubertät kommt es zu einer ersten Reife und zur Vermehrungsfähigkeit. Nach Abschluß des körperlichen Wachstums verlagert sich die Entwicklung mehr und mehr auf geistig-seelische Fähigkeiten. Der Mensch nimmt teil an der Gestaltung der zivilisatorischen Produktionsprozesse, wobei in der heutigen Zeit ein Übermaß an unverweslichen Abfallprodukten entsteht, wie noch in keiner Zeit zuvor. Wir scheinen dieser Müllproduktion nicht Herr werden zu können, mit ihr uns selbst zu bedrohen und sogar zu vernichten. -In der Mitte unseres Lebens ist die Aufzucht der Kinder schließlich abgeschlossen, sie sind selbst vermehrungsfähig. Wozu mag danach das Leben da sein? Welchen Sinn hat es? Nur noch Vermögen und Besitz anzuhäufen und auf den Tod zu warten, nach dem Motto: Nach mir die Sintflut?

Wir haben als Mensch mit dem bisherigen Wirkungsspektrum, wie viele Beispiele zeigen, unser Lebenspotential keineswegs ausgeschöpft. Des-

halb muß an dieser Stelle irgendwie ein „Knack-
punkt" sitzen, eine Klippe, die übersprungen
werden muß; eine Entwicklungsbarriere, die es zu
durchbrechen gilt. Klar, sie muß uns unbewußt
sein, sonst wäre sie kein Problem. Wie aber können wir sie sichtbar machen, wie aus dem Unbewußten hervorholen?

Wir sind überaus geschäftig, erkennbar an den
Beschleunigungsprozessen in fast allen Dingen
des täglichen Lebens. Zeitmangel, Hektik und
Streß werden von fast allen beklagt. Was früher
zehn oder hundert Personen produzierten, schafft
heute eine einzelne Person unter Zuhilfenahme
von Maschinen; der Produktionsausstoß wird
ständig beschleunigt, auch die große Wirtschaft-
raffinerie, der Staat arbeitet immer schneller. Die
Produktion von Materiellem im weitesten Sinne
steht für uns absolut im Vordergrund, ein Beispiel
ist auch die Flut an Gedrucktem, also Worte und
Buchstaben, es sind materialisierte Gedanken.
Die Buchdruckkunst ist bekanntlich erst wenige
hundert Jahre alt, die neue Speicherung von Wissen und Gedanken auf Mikrochips ist nur eine
raffiniertere Variante der gleichen Erfindung. -
Zu der Betonung von materiellen Gütern, die die
äußere Welt prägen, kommt in den letzten Jahrzehnten als etwas Neues, Personenbezogenes, die
Hinwendung auf unser Gesäß, dem Platz, an dem
Materielles den Körper wieder verläßt, an dem

wir „am Ende" sind. Betonungen bestimmter Körperteile, auch des Gesäßes, hat es zu vielen Zeiten zusammen mit der Mode gegeben, doch nie so eindeutig und enthüllend wie heute.

Sind wir dabei, nur das Geheimnis der Materie zu enthüllen (das Geheimnis unseres Unterkörpers bzw. Hinterteils) oder gar noch etwas ganz anderes?? Fragen wir uns nach dem Sinn all unserer Geschäftigkeit und Produktivität, gibt es eine klare Antwort. Wir machen dies alles in seinen verschiedensten Variationen um an Geld, an mehr Geld heranzukommen. Der beabsichtigte Gelderwerb steht hinter jedem Geschäft, der Gelderwerb steht absolut im Mittelpunkt. Für die meisten ist Geld heute der höchste Wert, das was früher Gott war. Mit Geld habe ich Macht, kann ich mir alle materiellen Dinge kaufen auch Urlaub, Gesundheit (?) und Kunstwerke. Sogar Zuneigung und Sex, wenn ich es mit der Qualität nicht so genau nehme.

Auf die enge Verbindung von Geld als Goldtaler zu Produkten als Kot, habe ich mit dem Märchen vom Goldesel bereits hingewiesen. Interessant, daß in diesem Märchen gerade ein Esel als Demonstrationsobjekt herhalten muß. Vielleicht ist dies ein versteckter Hinweis des Märchenerzählers, der uns Zuhörer dazu anhalten soll, in diesem Zusammenhang über unsere enge Verwandtschaft mit einem Esel nachzudenken!

Die Produktivität und die Geschäftigkeit der westlichen Industrienationen wird in zunehmendem Maße zu einem Veredelungs- und Bearbeitungsprozeß, bei dem wir zunehmend Produkte herstellen, die als Ganzes oder teilweise als Verpackung nach kürzester Zeit auf dem Müll landen. Sinn und Wert unserer Tätigkeit sind kaum angefragt, Hauptsache die Rechnung stimmt. Wenn wir auch die Gesamtwirtschaft des Staates als eine Art Raffinerie betrachten, wie bereits das individuelle Lebewesen Mensch, erkennen wir auch hier, daß am Ende der Veredelungs- und Bearbeitungsprozesse das Geld steht. Geld allerdings heute nicht mehr in Form von Golddukaten, auch kaum mehr noch in Form von Geldscheinen (Goldschein). Im Zeitalter der Computerisierung wird das Geld immer mehr zu einer Anreihung von Zahlen und Buchstaben. (Siehe das Gedicht von Novalis zu Beginn dieses Buches.) *Mensch und Geld scheinen sich irgendwie zu einer Plastikkarte zu vereinen!*

Betrachten wir jetzt die leibliche Raffinerie Mensch im Hinblick auf Produkt, Geschäft und Erfolg und dem abschließenden Gelderwerb. Fragen wir uns, ob wir etwas Wesentliches, Geheimnisvolles, vielleicht Unsichtbares im leiblich / körperlichen Bereich vergessen haben, ob wir vielleicht etwas Essentielles ständig übersehen?

Wie schon erwähnt, arbeitet die Raffinerie Kind, zumindest bei oberflächlicher Betrachtung, in erster Linie dafür, um Körpersubstanz aufzubauen, bis die Fähigkeit, sich zu vermehren und die Nachkommen großzuziehen, erreicht ist. - Wozu aber ist der Erwachsene da, der körperlich ausgewachsen ist und der sich vermehrt hat und dessen Kinder nun selbst erwachsen sind und sich vermehren können? Die Eltern haben erst die Mitte der zu erwartenden Lebenszeit erreicht, sind also noch relativ jung und vital, wenn die Kinder das Haus verlassen. Ist jetzt der Sinn des Lebens erfüllt? Oder gibt es eine spezielle Aufgabe für die Gattung Mensch, mit der sie sich im großen Konzert des Lebens von den Tieren unterscheidet? Allgemein geht in der Lebensmitte das Geld verdienen und die Vermögensbildung erst richtig los. Spätestens jetzt sind beide Elternteile berufstätig. - Und dennoch, es ist allgemein bekannt: >>*Geld allein macht nicht glücklich*<<. Was ist das andere, was wir brauchen, um glücklich zu sein und damit kommen wir wieder zu den Werten. Wir drehen uns im Kreis, in einem Teufelskreis. Ganz sicher, wenn es kein Teufelskreis wäre, hätten wir als Menschheit nicht die großen Probleme, die Probleme unserer Zivilisation.

Versuchen wir einen Einblick in eine Zeit zu bekommen, die vor den großen uns bekannten Zivilisationen lag. Gehen wir sechs- bis achttausend Jahre zurück, eine Zeit, aus der die ersten uns bekannten schriftlichen Überlieferungen stammen. Gehen wir zurück in die alte indische Kultur, mit der wir als Indogermanen auch heute noch durch die Sprachverwandtschaft eng verbunden sind. Die Überlieferung alten Wissens dieser Zeit, speziell im Gesundheitsbereich, wurde in den letzten Jahrzehnten neu aufgearbeitet und ist heute als Ayurveda bekannt, ein Urwissen, aus dem allem Anschein nach die großen östlichen Weisheitslehren der Chinesen und Tibeter wie auch die abendländische Alchemie gespeist wurden. - Im Ayurveda gibt es auch ein Raffinerieverständnis des menschlichen Körpers.

Bezeichnenderweise steht hier am Ende und im Zentrum des Interesses nicht der *Abbau* von Substanz, nicht Kot oder Abfall oder seine nicht stinkende saubere Form, das Geld, wie in unserer heutigen Zivilisation, sondern steht der *Aufbau* von Substanz, verbunden mit einer Wertzunahme unter Verwendung von Energiezufuhr. In dieser Weisheitslehre wird die Nahrung als erstes in Lymphe überführt. In einem Aufbereitungs- und Veredelungsprozeß, bei dem Agni = Feuer zugeführt wird, entsteht Blut, weiteres Agni führt zu Muskelfleisch, erneut Agni zu Fett und Bindegewebe, danach zu Knochen und danach schließlich als sechstes und vorletztes zu Knochenmark und

Nervengewebe, und ganz zum Schluß als hochwertigste Substanz zu Samen und Samenflüssigkeit. Dabei sind männliche und weibliche Keimzellen gleichwertig. Für Männer allerdings eine wohltuende Unterstützung ihrer Eitelkeit, geben sie doch ihr Bestes dem Weiblichen.

Dieser Aufbereitungsprozeß stimmt in vieler Hinsicht auch mit unserer wissenschaftlichen Sichtweise überein. Unser wissenschaftliches Denken endet hier allerdings, nicht jedoch die Betrachtungsweise des Ayurveda. Im Anschluß an die sieben aufgezählten Entwicklungsstufen gibt es eine achte Stufe, die nicht mehr dem Grobstofflichen zugeordnet ist, sie ist geheimnisumrankt und heißt im Sanskrit Ojas. Sie bewirkt Vitalität, Gesundheit, Schönheit, Liebe, Lebensglück, gesunde Nachkommenschaft; alles Eigenschaften, denen wir bereits bei der Werteaufzählung irgendwie begegnet sind. Eine Beziehung zu dem Äther, dem luftleeren Raum als fünftes Element drängt sich auf oder dem Begriff der Quintessenz, der aus der Alchimie stammt. Sieben Entwicklungsstufen entsprechen dem weiblich / mondbezogenen Siebenerrhythmus, mit der achten Entwicklungsstufe vollzieht sich der Sprung in den männlich / sonnenbezogenen Zwölferrhythmus. Erst jetzt entsteht Ganzheit, sind Tag und Nacht vereint, ist die Vollkommenheit symbolisiert.

Ojas ist für viele im Geheimen das Erstrebenswerteste und das Wünschenswerteste überhaupt. Wenn wir fähig sind zu beten und zu bitten, ist Ojas sicherlich der eigentliche und tiefere Inhalt unserer Gebete, der unsere geheimsten Wünsche und Hoffnungen begleitet. Die oberflächlich ausgesprochenen Wünsche enden heute allerdings für die meisten Mitteleuropäer bei einem Haufen Geld. Die dahinter liegende Dimension, die nur mit tiefen Empfindungen und weitreichender Selbstwahrnehmung berührt werden kann, scheint ihnen zur Zeit kaum zugänglich. Das ist im Grunde verständlich in einer Zeit, in der Oberflächlichkeit und Äußerlichkeit im täglichen Leben zum alles beherrschenden Maßstab werden.

Bleiben wir noch eine Weile in dieser alten indischen Kultur. Sie berichtet uns noch von einem zweiten tiefgreifenden Lebensverständnis, das für unser Thema bedeutungsvoll ist. Für viele Männer der damaligen Zeit schien es üblich zu sein, ihre Großfamilien zu verlassen, nachdem die eigenen Kinder erwachsen geworden waren, um dann für einen längeren Zeitraum allein in die Wälder zu gehen und um dort als Eremit zu leben. An die männliche, überwiegend nach außen gerichtete Vermehrungsphase (Phallus) schloß sich also eine nach innen gerichtete Lebensphase an, bei der der Mann bei Fasten und Meditation und sexueller Enthaltsamkeit mehr als bisher und in anderer Weise etwas für sich tun wollte. Auch im heutigen Indien ist dieser Brauch noch bekannt und wird dort und auch heute noch praktiziert. Das Sichnachinnenwenden, verbunden mit sexueller Enthaltsamkeit, soll zu einer Umleitung der sexuellen Energie in das Rückenmark und das Gehirn führen und sich hier in Form einer Bewußtseinserweiterung auswirken. Die hier zum Ausdruck gebrachte direkte Betrachtungsweise und ihre zeitlich begrenzte und bewußt eingesetzte Lebensform ist sicherlich ungewöhnlich und relativ unbekannt, im Grunde aber nichts anderes als Zölibat und Mönchtum, wobei hier allerdings meist jugendlicher Beginn und Gelübde eine bedeutende Rolle spielen. Das hohe Wort des Priesters, >>der Gottheit dienen<< ist dem aufgeklärten Bürger mehr suspekt als hilfreich und schafft mehr Distanz als Nähe zu den geheimnisvollen Bereichen der immateriellen Seite unseres Seins.

An diesen beiden Beispielen der Ayurveda Tradition können wir erkennen, daß Produzieren und Geschäftemachen im weitesten Sinne auch ganz anders aufgefaßt werden können. In unserer Gesellschaftsordnung steht als Endprodukt des Geschäfts und des Produzierens der Gewinn d.h. das Geld, das heute etwas schon fast Abstraktes ist. Der Abfall des Lebensprozesses wird in sauberes,

nicht stinkendes, nicht verwesliches Geld verwandelt und steht unbestritten im Mittelpunkt.
Der „Gewinn" der damaligen Zeit offenbarte sich
als eine ganz andere Richtung und als ein ganz
anderes Ziel. Der Mensch und seine Entwicklung
stand im Mittelpunkt, der Gewinn war jenseits
der feinsten, hochwertigsten materiellen Produkte, jenseits der menschlichen Samenzelle, in einem Bereich, den wir dem Geistigen und Feinstofflichen zuordnen können, dem Ojas. - Wir
wollen dieses Ojas von jetzt ab mit unserem Begriff Bewußtheit gleichsetzen und in den kommenden Kapiteln versuchen, uns dieser geheimnisvollen „Substanz" zu nähern, sie konkreter, greifba-
rer, anfaßbarer zu machen. Dies kann selbstverständlich nur bedeuten, daß wir uns ihrer bewußt
werden, da sie nun mal nicht materieller Struktur
ist.

Die hier beschriebene grundsätzliche andere
Wertvorstellung und ihr Einfluß auf unser gesamtes Leben sind ein allgemeines, uraltes Mensch-
heitsproblem. Wie sollte es auch anders sein? Es
handelt sich um ein grundsätzliches Thema, das
in den verschiedensten Varianten in den unterschiedlichsten Kulturepochen zum Ausdruck
kam. - Aus dem Alten Testament kennen wir die
Geschichte vom Auszug der Kinder Israel aus
Ägypten und ihrem beschwerlichen Weg durch

die Wüste ins heilige Land, ins Land wo Milch und Honig fließt. Für Milch können wir Lebenskraft und für Honig das Süße, die Lebenslust einsetzen. Die Juden beteten einen Gott an, der unsichtbar war, von dem sie sich im Rahmen der zehn Gebote kein Bildnis machen durften. Er war also jenseits ihrer damaligen materiellen Vorstellungswelt und sollte es auch sein. Auf ihrem entbehrungsreichen Weg durch die Wüste verloren sie das Vertrauen an ihre unsichtbare Gottheit und fielen zurück in alte heidnische Gebräuche; sie machten sich einen Götzen aus purem Gold, ein goldenes Kalb, und tanzten um diesen Götzen, den sie anfassen konnten und der für sie sichtbar war. Es fällt nicht schwer, die damaligen Verhältnisse auf unsere heutige Zeit zu übertragen, besonders wenn wir uns klar machen, daß wir uns in den letzten dreitausend Jahren als Menschen eine besondere Fähigkeit angeeignet haben, die Fähigkeit abstrakt zu denken. Wir tanzen heute zwar nicht mehr um einen Haufen Gold, sondern nur noch um die Abstraktion von Gold, den Geldschein. In den letzten Jahren hat der Abstraktionsgrad des Geldes durch die Abkoppelung des Geldwertes von den Goldreserven und die Ankoppelung an das Bruttosozialprodukt noch zugenommen. Es wird durch den bargeldlosen Zahlungsverkehr immer weniger dinglich, weniger anfaßbar, im Grunde immer immaterieller, feinstofflicher, „geistiger", ein wichtiger Gesichtspunkt, auf den wir noch zurückkommen werden. Die prächtigen, die Städte beherrschenden Bank- und Versicherungskomplexe sind die Kirchen der heutigen Zeit.

Die Bibelforschung lehrt uns, daß die in der Bibel festgehaltenen Berichte im Allgemeinen eine oberflächliche Geschichte und gleichzeitig eine tiefere, die nur den Eingeweihten zugänglich war, beinhalteten. Ägypten verkörperte am Ende seiner Kulturepoche aus der Sicht der Bibelschreiber Materialismus, Oberflächlichkeit, Äußerlichkeit und Götzendienst wie unsere heutige Kultur am Ende eines Kulturabschnittes. Das Heilige Land, die Rückkehr ins Paradies kann nur erreicht werden, wenn der Mensch dem Götzendienst entsagt. So etwa könnte die geheime Bibelbotschaft lauten.

Die hier genannte Lebensanschauung aus dem Ayurveda stammt aus einer Zeit, die noch weitere drei bis fünftausend Jahre zurückliegt und in der wir noch paradiesische Zustände ahnen. Der damalige Schwerpunkt lag offenbar mehr in Werten, die jenseits unserer heutigen materiellen Wertvorstellungen lagen, eben im „Jenseits". Dabei sollten wir nicht vergessen, daß unsere Vorfahren zum Beispiel im frühen Ägypten und in der alten indischen Kultur doch sehr irdisch und weltlich lebendig in diesem Jenseits gelebt haben.

58

Die kindliche Religionsvermittlung läßt uns glauben, das Jenseits wäre oben über den Wolken. Daß es bis dahin „nur" ein Bewußtseinssprung ist, darauf müssen wir selber kommen.

Ich bin auch in diesem Kapitel von dem uns beherrschenden Abfall - Kotproblem und seiner Akzentuierung in der Gesellschaft ausgegangen. Ich habe wieder die gesellschaftliche Hinwendung auf Unterkörper und Hinterteil als Ausgangspunkt für unsere Erörterungen genommen. Wir erkennen diese Hinwendung im Individuellen, in Sprache, Kleidung und Schönheitsideal in allen Lebensbereichen. Der individuellen Erscheinungsform steht ein kollektives Muster gegenüber, daß sich in den staatlichen, gesellschaftlichen und den großen wirtschaftlichen Strukturen zeigt. Als anerkannt höchster Wert unserer Zeit steht das Geld am Ende dieser gesellschaftlichen Ausrichtung; Materielles symbolisiert im Generellen und Unterkörper und Gesäß analog im Individuellen das erstrebenswerteste Ziel.

Das Weiterleben in dieser Richtung, verbunden mit dem Glauben an ewigen Fortschritt auf der Grundlage der bisherigen Werte wird von sehr vielen heute als aussichtslos und hoffnungslos empfunden. So wie wir uns in der persönlichen Akzentuierung unserem Körperende nähern, spüren wir analog im Großen das Ende einer Lebensepoche mit der Notwendigkeit eines Wandels, einer Wende. Durch die Hinzuziehung des ältesten uns überlieferten Wissens, dem Ayurveda, konnten wir in diesem Kapitel eine grundsätzlich andere Werteordnung ahnen, die wir in den folgenden Kapiteln noch genauer untersuchen wollen.

3. Kapitel

>>*Verdammte Scheiße!*<< - >>*Verdammt in alle Ewigkeit?*<< Was wünschen wir herbei, wenn wir unseren Kot verfluchen?

> Geld-Vermögen ist nur potentielle Bewußtheit. Ich kann mein abstraktes Geld erst in einen wirklichen Wert umwandeln, wenn ich es auf Gottes Zentralbank einlöse.

>>*Wenn ich doch endlich mit der Scheiße fertig wäre!*<< Wir haben in den bisherigen Kapiteln die sprachliche Benutzung von Arsch, Scheiße und Geschäft in erster Linie im Zusammenhang mit dem allgemeinen Umwelt- und Zivilisationsproblem Müll betrachtet, dabei also den Fokus auf das große, äußerliche Geschehen gerichtet. In diesem Kapitel wollen wir die unmittelbare menschliche Situation in den Vordergrund stellen, den Menschen also, der den Kot wie in dem obigen Ausspruch verflucht, ihn verdammt und dabei vielleicht seine eigene Verdammnis wahrnehmen lernt und seine Sehnsucht nach dem Echten, Wahren, Ehrlichen und Wirklichen irgendwann bewußt verstehen lernt.

>>*Jemand hat ein Haus gebaut. Viele Monate hat er in Eigenleistung daran gear-*

beitet. *Er ist bereits eingezogen, etliche kleine Dinge im Haus müssen selbstverständlich noch warten, aber der Gartenzaun soll fertig werden, bevor der Bauherr sich ein wenig Ruhe können will. Tag für Tag gräbt er Löcher in den harten Boden, setzt Pfähle und befestigt auch schon einen Teil des Maschengeflechtes. Die Arbeit ist mühevoll und langweilig und wenig kreativ. Jeden Tag entfleucht ihm der Stoßseufzer aufs neue:* **Wenn ich doch endlich mit der Scheiße fertig wäre!<<**

Ein weiteres Beispiel: *>>Ich mache mein medizinisches Staatsexamen. Nach einer interessanten Studienzeit mit viel persönlicher Freizeit und vielen aufregenden Erlebnissen sitze ich seit acht Monaten in meinem Schaukelstuhl und büffele Tag für Tag, Nacht für Nacht. Täglich muß ich meinen inneren Schweinehund überwinden. Vier Monate bevor das eigentliche Staatsexamen los gehen sollte, bin ich angefangen zu lernen, jetzt bin ich mitten in den Prüfungen und noch ist kein Ende in Sicht.* **Wenn ich doch endlich mit der Scheiße fertig wäre!<<.**

Situationen, wie diese hier beschriebenen, haben die meisten in den unterschiedlichsten Facetten schon viele Male erlebt. Der Stoßseufzer, wahrscheinlich gen Himmel gerichtet, kommt uns spontan über die Lippen und aus tiefstem Herzen. Jeder weiß, was gemeint ist, und dennoch, wo ist eigentlich konkret die Scheiße, auf die ich Bezug nehme? - Es plagt mich keine chronische Durchfallerkrankung, noch habe ich meine Wohnung direkt neben einer städtischen Kläranlage. Ich lebe in geordneten, „normal" sauberen Verhältnissen. Warum kommt mir der Begriff so leicht und so spontan über die Lippen. Anstrengende und intensive Betätigung muß in meinem Inneren etwas anklingen lassen, das mit Kot und Stuhlgang einen direkten Bezug hat, ohne das es mir klar ist. -

Ich habe ein Haus gebaut, bin fast fertig und möchte endlich entspannt und ohne Schaffensdruck darin leben. Ich habe ein Studium durchgezogen und fast zu Ende gebracht und möchte endlich einen Beruf ausüben, finanziell von meinen Eltern unabhängig sein und eine Familie gründen. *>>Wenn ich die gefährliche Stromschnelle der mich fordernden Prüfungs- und Belastungssituation erst einmal überstanden habe, kann ich vielleicht für eine längere Zeit mit relativ ruhigem Fahrwasser rechnen!<<* Große Herausforderungen, wie Hausbau und Staatsexamen sind einschneidende Prüfungen, denen wir uns im Leben stellen können, wenn wir wollen. Kleinen Herausforderungen, bei denen wir den inneren Schweinehund überwinden müssen, haben wir uns tagtäglich zu stellen, z.B. um morgens aus den Federn zu kommen, um pünktlich am Arbeitsplatz zu sein, um ein Kleinkind zu versorgen, um täglich Essen für die Familie zu kochen, um einen Mitmenschen nicht zu übervorteilen usw. Allen Beispielen gemein ist ein einheitliches Grundprinzip. Ich muß meine mir angeborene ureigenste tierische Faulheit und Bequemlichkeit überwinden. Dabei gerate ich in eine mehr oder weniger ausgeprägte Krisensituation.

Unser Leben verläuft in Phasen, von Abschnitt zu Abschnitt: Geburt, Kindheit, Pubertät usw. Die Übergangsphasen sind Krisen. Am bekanntesten ist die Pubertätskrise und die Midlife-crisis . Unser Lebensschiff hat danach jeweils berechtigte Aussicht auf etwas ruhigeres Fahrwasser bis zur nächsten Krise. - Krise ist Chaos, Unordnung, unkalkulierbare, ungeordnete Bewegung, brodelnde Lava. Wir haben die Krise überwunden, wenn wir zu mehr Ordnung und Stabilität gelangen. In der Pubertätskrise z.B. haben wir viele tiefe persönliche Erfahrungen gesammelt, sind daran gewachsen und gereift, körperlich und seelisch. Unser Verständnis für uns, die Welt und die anderen hat sich entscheidend geändert. Aus dem großen, amorphen Chaosbrei hat sich *Müll* gebildet, auf den wir verzichten können und gleichzeitig *Erkenntnis* oder moderner ausgedrückt Bewußtheit, mit neuen Möglichkeiten und Hoffnungen.

Auch bei dieser grundlegenden Betrachtung sehen wir die Entstehung von Lebensmüll und etwas Anderes, noch weniger Faßbares. Hier, bei der Betrachtung unserer unmittelbaren menschlichen Situation, fällt es uns leichter, dieses aufs engste mit seelischer Reife und geistiger Entwicklung verbundene beim Namen zu nennen: *Bewußtheit.* - Könnte es vielleicht sein, daß wir tagtäglich unsere Nahrung nicht nur aufnehmen und verdauen, um unseren Körper zu erhalten und um Energie für unsere Beweglichkeit bereitzustellen, sondern daß wir darüber hinaus ständig etwas herstellen, das nicht sichtbar ist wie Kot, den wir unter uns lassen und wie Müll, den wir alsbald wegwerfen?

Berufsausbildung und Hausbau z.B. sind Aktivitäten, mit denen wir über eine längere Zeit befaßt sind, die dann einen großen Teil unserer Lebensenergie in Anspruch nehmen. Wir können diese auch im weiteren Sinne als einen sich über eine längere Zeit hinziehenden Krisenzustand einordnen. Wenn wir uns nicht für diese energiefordernde Lebensphase tief entschlossen haben, werden wir sie nicht meistern können. Wir müssen also tief mit diesen großen Lebensvisionen übereinstimmen. Aus dieser inneren Bereitschaft wächst unser Durchhaltevermögen. Ein langes Studium, selbst ein großes Staatsexamen hat trotz aller Anstrengung und Überwindung viel Erlebnisqualität und Erfahrungsreichtum. Eine Zeit, auf die wir meistens bei einem Rückblick auf unser Leben keineswegs verzichten wollten. *Und dennoch* wir sagen >>*Verdammte Scheiße*<< zu diesem Lebensabschnitt und wollen ihn beenden. Offensichtlich ist diese lebensintensive, uns herausfordernde Zeit doch nicht das, was wir uns insgeheim ersehnen, was uns irgendwie im „Hinterkopf vorschwebt", sonst würden wir diese Zeit nicht mit Verdammnis und Kot assoziieren.

Wir sehen auch an diesen Beispielen, daß die Betonung von Gesäß und Kot nur Ausdruck von etwas Tieferem, uns noch weitgehend Unbewußtem ist, das wir in unserer Umgangssprache in verschlüsselter Form nach außen tragen. Die Form des Fluches und der Aspekt der Verdammnis bringt mich wieder zu dem Gesichtspunkt des Teufelskreises. In dem negativ besetzten Aspekt des Kots und Abfalls vermute ich, daß wir uns zwar ständig damit auseinandersetzen müssen, diese Auseinandersetzung jedoch ein verstecktes, unsichtbares Ziel anstrebt, das nicht dem Materiellen zugeordnet ist wie Geld, sondern dem Geistigen, dem sogenannten Feinstofflichen, dem wir bereits als Ojas und Bewußtheit begegnet sind.

Bevor wir uns zu weiteren Schlüssen vorwagen, noch ein weiteres Beispiel aus dem Alltag. >>*Ich* *komme aus meiner Werkstatt im Keller und trage ein Tablett mit großen Dosen und Schachteln, in denen sich einige hundert Schrauben und Muttern befinden, jeweils ordentlich nach Größe und Stärke sortiert. Ich laufe die offene Holztreppe hinauf, um auf dem Dachboden eine handwerkliche Arbeit zu verrichten. Irgendwie werde ich abgelenkt und unaufmerksam, ich verhake mich mit einem Fuß und stolpere. Das Tablett kippt um, viele hundert Schrauben und Muttern haben sich im großen Umkreis auf das Treppenhaus und die anliegenden Zimmer verteilt. Verdammte Scheiße! Ich fluche aus tiefster Seele.<<* Was ist passiert? Ich bin nicht in Kot ausgerutscht, oder sonst irgendwie mit Kot z.B. als Geruch in Berührung gekommen, dennoch assoziiere ich mein Mißgeschick mit Kot. Für das Einsammeln und Sortieren der Schrauben werde ich fast eine volle Stunde brauchen, eine Stunde vertane Zeit. Den Bruchteil einer Sekunde war ich abgelenkt oder habe mich ablenken lassen. In diesem Moment war ich „nicht voll bei der Sache". War nicht in meiner Mitte, war auch nicht geistesgegenwärtig, sonst hätte ich den Stolperer vielleicht abfangen können. *Ich assoziiere also einen Mangel an Zentriertheit, einen Mangel an Aufmerksamkeit und Achtsamkeit mit dem Abfallprodukt Kot.* Der Fluch kommt spontan aus tiefster Seele. Ich meine, ich verfluche mit dem Begriff Scheiße meine

Unzulänglichkeit, meine Unfähigkeit zu einer der jeweiligen Situation angepaßten, balancierten Wachheit, die mich daran gehindert hat, besser aufzupassen. Ich fluche damit auch über die nicht balancierte Lebenseinstellung, die mich zu sehr mit dem zur Zeit übertriebenen, materiellen Aspekt unseres Lebens verbindet, wie z. B. Geld, Besitz, Ansehen. Zeit ist Geld. Ich habe eine Stunde Zeit verloren. *Der Kot, den ich verfluche, ist wieder nur Vehikel für etwas Tieferes, Bedeutungsvolleres, das ich aber nicht direkt benennen kann, das ich aber hiermit in den Raum stelle.* Dieses Tiefere zeigt sich in *balancierter Wachheit, Zentriertheit*, auch *Ausgeglichenheit* und der *Fähigkeit zu Geistesgegenwart*. Damit verbunden ist meistens eine volle *Aufnahmebereitschaft*, eine *Offenheit nach außen* und gleichzeitig auch *innere Wachheit* und *weitreichende Selbstwahrnehmung.* Ich kann **mich** in diesem Zustand selbst gut wahrnehmen und fühlen und ich kann die *Außenwelt gleichzeitig* gut wahrnehmen.

Es ist mein Unwohlsein, das ich verfluche, das ich in dem Moment des Fluches keineswegs körperlich und psychisch bewußt spüre. Mein Bewußtsein reicht gewöhnlich nur bis zum unnötigen Zeitverlust, der mit einem möglichen Geldverlust in direkter Beziehung steht. Ich habe für eine Stunde oder mehr meine Lebensenergie unnötig vergeudet. Dies ist m.E. der eigentliche Grund meines Fluches. Die Bezugnahme auf den Kot ist also nur ein Vehikel für den tieferliegenden eigentlichen Grund.

In den vorangehenden Beispielen konnten wir sehen, daß mit der Benutzung des fast immer negativ besetzten Abfallproduktes Kot eine Aussage über einen tieferen, schwer benennbaren und weitgehend unbewußten Zustand gemacht wird. Im ersten und zweiten Beispiel war es eine anhaltende äußere Belastungssituation, eine Disharmonie in unserem normalen Lebensablauf, die zu ungewöhnlicher Anstrengung zwingt. Das dritte Beispiel zeigte einen kleinen inneren Aufmerksamkeitsverlust, ebenfalls eine Disbalance, die lästige Folgen hat und mich mit meiner Abhängigkeit von Zeit und Geld konfrontiert. - Wir leben in einer materiell überbetonten Welt, in der sich alles ums Geld dreht und verfluchen gleichzeitig überaus häufig den Lebensbereich, der diesen materiellen Aspekt symbolisiert, nämlich unsere untere und besonders unsere hintere Körperhälfte. Parallel zu dieser sprachlichen Betonung erkennen wir aber eine verstärkte Benutzung von Adjektiven wie wahr, echt, wirklich und ehrlich im allgemeinen Sprachgebrauch. Ich habe bereits eingangs daraufhin gewiesen, daß ich in diesem Sprachgebrauch einen generellen Hinweis auf die Verlogenheit unserer Gesellschaft mit ihrem Verlust an Werten und der verstärkten Suche nach neuen Werten sehe. Das Echte, Wahre, Wirkliche und Ehrliche, so vermute ich, ist genau das, was uns fehlt, wenn wir uns verarscht fühlen, und das wir unausgesprochen und heimlich herbeiwünschen, wenn wir deutlich ausgesprochen unsere Exkremente verdammen. Es scheint, als ob der Mensch bei aller offensichtlicher Lust an Geld und Macht und Müllproduzieren, doch irgendwie weiß, wo es wirklich langgeht.

4. Kapitel

Der Umschlags-Punkt oder die Wende, >>knackiger Arsch<< und >>schöne Scheiße<<, die positive Bewertung.

AHA-Erlebnisse sind Mini-Erleuchtungen

Ich habe in den bisherigen Kapiteln versucht, ein fast alle unsere Lebensbereiche umfassendes gesellschaftliches Phänomen, die wachsende Hinwendung unserer Aufmerksamkeit auf unsere untere, speziell hintere Körperhälfte, zum Ausgangspunkt für in die Zukunft gerichtete Betrachtungen herangezogen. [Anm.] Dabei habe ich die bekannten psychologischen Zusammenhänge von Geld und Kot und von Geschäftigkeit, Produkti-

---

[Anm.] *Das Sexuell / Genitale steht hiermit in enger Beziehung. Die gleichzeitige Bearbeitung dieses Themenkomplexes würde die Transparenz dieser Schrift gefährden. Die Thematik und der Versuch, Bewußtsein direkt zu vermitteln, macht es schon schwer genug, den roten Faden zu halten. Wir bewegen uns innerlich und auch äußerlich im dunklen Bereich unseres Wesens. Dem dunklen Inneren entspricht unser unbewußtes Wesen, dem Äußeren unser Gesäß und der dazu gehörige versteckte Anus. Um einen roten Faden in der Dunkelheit erkennen zu können, braucht es bekanntlich viel Licht, da die Farbe Rot bereits in der Dämmerung die Tendenz hat, in schwarz umzuschlagen. Wenn wir also Licht mit bewußtseinsmäßiger Klarheit gleichsetzen, nähern wir uns der Problematik eines Teufelskreises und ahnen die grundlegende Schwierigkeit, das hier thematisierte Problem zu lösen.*

vität und Erfolgssehnsucht in Beziehung zu unseren einfachen körperlichen Notwendigkeiten und Bedürfnissen gestellt, ich habe also analog gefolgert. Die Begriffe Arsch und Scheiße gehören als umgangssprachliche Ausdrucksweise mitten in diese unsere Erlebniswelt. Wir konnten sehen, daß wir uns dieser derben, volkstümlichen Begriffe überwiegend in der Form von Flüchen und Stoßseufzern neben Vorwürfen und persönlichen Verunglimpfungen bedienen, in denen Gesäß und Kot als etwas Negatives benutzt wird.

Bei der bisherigen, für den Leser vielleicht distanzierenden, auf Bewußtmachung angelegten Betrachtungsweise, ist es keineswegs meine Absicht, ihn seiner unteren Körperhälfte entfremden zu wollen. - Wir werden in diesem Kapitel Aspekte unseres Gesäßes betrachten, die fast ausschließlich positiv besetzt sind, also Begriffe, in denen der angesprochene Inhalt in der Gesellschaft eine fast uneingeschränkte positive Bewertung erfährt, wie z.B. ein „süßer Arsch". Ein Mann wird einen „süßen, weiblichen Arsch" kaum jemals verfluchen, es sei denn, die junge Besitzerin dieses Blickfanges hat den betreffenden Mann „zu Grunde gerichtet". Der Fluch könnte sich in Segen umwandeln, wenn der Betreffende erkennen würde, daß dieses zu Grunde richten („erden") für ihn ein wichtiger, lebensnotwendiger und letztendlich heilender Prozeß sein kann.

Wir wollen nach tieferen Gründen für die Anziehungskraft unseres Gesäßes suchen, nach Ansichten und Inhalten, die so mächtig sind, daß sie den augenblicklichen Zeitgeist, bzw. die augenblickliche Menschheitssituation deutlich wiederspiegeln. – Wie bereits erwähnt, wurden früher mehr die Augen, der Mund, der Busen als Blickfang des anderen Geschlechtes angegeben. Nach neueren Untersuchungen wird heute bereits überwiegend der Hintern als der Körperteil angesehen, dem unsere primäre Aufmerksamkeit gilt. Was wir mit den Augen wahrnehmen, möchten wir meistens auch gern „begreifen", angefangen vom kleinen, glatten Kinderpopo, der liebevoll geölt und beklappst wird, bis hin zu den eindeutigen Handgreiflichkeiten der Erwachsenen, die Berührungslust und Besitzanspruch signalisieren. Homosexualität und Analverkehr, als dem Gesäß zugehörige Sexualität, können hier nur am Rande gestreift werden. Das Thema Sexualität soll, wie schon erwähnt, wegen des roten Fadens in dieser Schrift trotz interessanter Verknüpfungen nicht bearbeitet werden.

Was macht den „süßen Arsch" einer jungen Frau oder eines jungen Mannes so attraktiv, daß er für so viele zum Blickfang wird. Versuchen wir einen „süßen Arsch" zu charakterisieren. Die Geschmäcker sind bekanntlich sehr unterschiedlich. Wenn wir uns an Showbusineß, Illustrierten und Mode orientieren, kommen wir zu einem gemeinsamen Nenner. Der größte Teil der Medien zeigt uns einen Körperzustand, der für die große Masse in dieser Zeit als ideal anzusehen ist; damit haben wir die gesuchte gemeinsame Mitte, auf die sich die große Masse irgendwie als Ideal verständigen kann. - Nicht zu groß, nicht zu klein, nicht verkrampft und eingezogen, auch nicht zu gewaltig ausladend, nicht zu schlaff und hängig. Keine magere, fettlose Muskelmasse wie bei einer Frau die Bodybuilding macht. Irgendwie ist es das Knackige, Runde, Gespannte und Glatte, das anziehend wirkt, ähnlich wie ein Jungmädchenbusen. Wir sehen auch hier, daß sich das Qualitätsmoment in den Vordergrund schiebt, obwohl am Gesäß mit seiner unübersehbaren Muskelmasse gerade der quantitative Aspekt besonders auffallend ist. Ich meine, es gibt kein anderes Körperteil, an dem in so eindeutiger Weise unsere allgemeine Körperspannung sichtbar wird, besonders wenn wir die Übergänge zu Taille und Oberschenkel miteinbeziehen. Das „Knackige", die Rundung und Glätte sind Ausdruck der Haut- und Muskelspannung, medizinisch ausgedrückt des Tonus. Von der Spannung der Hülle, unserer Haut und dem Eigendruck des Inhaltes unseres Fett- und Muskelgewebes werden unsere Augen und Sinne

74

und Sinne wie magisch angezogen. Die meisten Menschen sind zu dieser Wahrnehmung offensichtlich noch fähig. Ein Zuviel an Innendruck, z.B. erzeugt durch reine mechanische Muskelübung, wie bei Bodybuilding, wird von vielen bereits als nicht mehr anziehend angesehen. Das „Knackige" erkennen wir in geheimnisvoller Weise als jugendliche Elastizität. Regenerierte Haut nach Verletzung, ob nun durch Dehnung, wie bei einer Schwangerschaft oder durch eine Schnittwunde, hat nie wieder die ursprüngliche jugendliche Elastizität. - Vielleicht hatte der Besitzer eines „süßen Arsches" soviel Lebensglück und Gnade, daß er es noch nie nötig hatte, >>sich für andere den Arsch aufzureißen<<. Er hat es vielleicht verstanden, alle Anstrengungen zu vermeiden, die ihn hätten „sauer" machen können. Wie sein Hintern, ist er insgesamt wahrscheinlich noch relativ jugendlich, unversehrt, unverletzt, ungespalten, jungfräulich und naiv. Ob er oder sie so unversehrt durchs ganze Leben kommen wird? Ganz sicher nicht!

Bevor wir wieder versuchen, von dem ausschließlich positiv bewerteten Anziehungspunkt >>sü-ßer Arsch<< zu einer allgemeingültigen Aussage zu kommen, betrachten wir zunächst noch eine weitere Redewendung, bei der ein üblicherweise negativ bewerteter Ausdruck, die Scheiße, eine positive Wertschätzung erfährt. >>Fritz *baut ein Bücherregal, stellt es auf und stellt seine Bücher hinein. Das Regal klappt wie ein Kartenhaus zusammen. Er hatte vergessen, ein Kreuz an der Rückseite zur Stabilisierung einzubauen. Fritz lacht und sagt:* **Schöne Scheiße! Aber das passiert mir nicht wieder!<<** -

Das Mißgeschick konnte er mit Humor nehmen, schließlich brachte es auch einen *Gewinn, ein Aha - Erlebnis.* Er hatte eine grundlegende Erfahrung in Sachen Haltbarkeit und Stabilität gemacht. Der Gewinn ist also eine Erfahrung, die zu einer Erkenntnis geführt hat, einem Bewußtseinserlebnis in Sachen Struktur. Dieses, bei allem Mißgeschick dennoch positiv empfundene Erlebnis, gibt ihm allen Anschein nach die Kraft, sogleich damit zu beginnen, das Regal neu und besser wieder aufzubauen. Das intuitive Wissen, auch in Zukunft nie wieder diesen Fehler machen zu müssen , mag eine wichtige Hilfe sein, die seinen jetzigen Elan fördert.

Die Lebenseinstellung, mit den Anforderungen des Alltags in der hier beschriebenen Weise umzugehen, nennen wir bekanntlich Humor. Ich werde später noch genauer auf diese Lebenshaltung eingehen. – Wir erleben mit der Charaktereigenschaft Humor zur Zeit ein ähnliches Phänomen in der Partnerschaftsbewertung wie mit dem Blickfang Gesäß. Humor steht als erwünschte Charaktereigenschaft ganz oben an, deutlich häufiger erwähnt als in früheren Jahrzehnten. – Einen humorvollen Umgang mit Mißgeschicken und kleinen Schicksalsschlägen kennen wir gut bei unbedeutenden Krankheiten, z.B. einem Schnupfen oder einer normalen Erkältung. Wir sagen: `>>Ich habe mir einen **schönen Schnupfen** angelacht.<<` Die Erkältung ist zwar lästig, macht einen dicken Kopf und eine wunde Nase, auch eine leichte allgemeine Beeinträchtigung. Dafür habe ich einen Grund, mal etwas kürzer zu treten, mal etwas auszuruhen, mich etwas zu schonen. Auch hier wieder etwas Negatives, die leichte Beeinträchtigung durch die Erkältung und der Gewinn, sich etwas Muße gönnen zu können. Dem *Muß* des Lebensalltags und normalen Arbeitslebens unserer üblichen Quantität können wir wenigstens vorübergehend die Qualität der *Muße* gegenüberstellen und erfahren. Wenn wir bedenken, daß in Momenten der Ruhe und Muße uns so manches klar werden kann, so verhilft auch die Erkältung zu Erkenntnis und Bewußtwerdung und letztendlich zu *Gewinn,* jedoch „jenseits" von klingender Münze.

Bei einem Selbständigen wird bekanntlich der Geldfluß sehr häufig versiegen, wenn er nicht arbeitet und das Bett hüten muß. Dann hat er weniger oder gar keine Einnahmen, er hat nur die Möglichkeit zu „geistigem Gewinn". Dagegen verdient ein Angestellter mit gesicherter Lohnfortzahlung im Krankheitsfall doppelt, wenn er zu Hause bleibt. Die sozialen Probleme der kommenden Jahre werden sich nicht lösen lassen, wenn wir diese tiefen Gesichtspunkte nicht vorbehaltlos an uns heran lassen. Nach dem Zusammenbruch der kommunistischen Lüge ist der Zusammenbruch des westlichen Sozialstaates nur eine Frage der Zeit. – Wenn wir ganzheitlich denken, sehen wir den Schnupfen als eine notwendige Reinigung des Körpers an. Die Erkältungskrankheit bekommt dann einen ganz anderen Stellenwert. Die wenigsten haben den Mut, bei schweren Krankheiten ihre eigene Verantwortlichkeit zu sehen und die Krankheit als etwas Positives, anscheinend Notwendiges wie den „schönen Schnupfen" anzusehen. Der Begriff Schicksal stammt von dem lateinischen Wort Salus ab, das Heil bedeutet. Schicksal ist danach das von einer höheren Macht geschickte Heil. Unter höherer Macht haben wir das „Göttliche" zu sehen, egal ob nun in uns selbst entstehend und wirkend oder von außen an uns herantretend. – Viele Menschen kommen bei einem erzwungenen und längeren Krankenlager, z.B. nach einem Unfall, zum Nachdenken und zur Besinnung, im günstigsten Fall zu grundlegenden Lebensveränderungen, zu denen sie sich freiwillig nicht durchringen konnten. Der schicksalhafte Einbruch, der zu langem Krankenlager führte, kann also zu einem „*nachhaltigen Gewinn*" führen, in dem die grundsätzliche Änderung der Lebenseinstellung den Betreffenden wieder und wieder zu vorher undenkbaren Entwicklungen verhilft. Bei unserer fast ausschließlich auf Geld und Materie ausgerichteten Gesellschaftseinstellung verleugnen wir den immateriellen, nicht in „klingender Münze" zu messenden Gewinn. Wahrscheinlich kommen wir zu dicht an Wahrheiten heran, die uns bisher unerträglich sind. *Stehen wir vielleicht in Zukunft unweigerlich vor der Alternative, entweder das Echte, das Ehrliche, das Wahre anzuerkennen und leben zu müssen oder auf ewig >>im Arsch zu sein oder gar auf ewig ein Arschloch zu sein>>.*

Das Beispiel >>*süßer Arsch*<< bedarf noch einer Ergänzung: Wir haben in der „Knackigkeit" die Betonung des Qualitativen an dem sonst grundsätzlich eher quantitativen Gesäß hervorgehoben. Der versteckte Gewinn, der Gewinn an Erfahrung, wie im Beispiel der >>*schönen Scheiße*<< ist bei dem >>*knackigen Arsch*<<, der uns und unsere Blicke anzieht, noch verborgener. – Mental sein, (von mens, lat. die Stirn) im Kopfe sein, ist für den Europäer ein zunehmendes Muß, daß Funktionieren in Erwerbsleben, der Umgang mit Elektronik und Computer wird fast ausschließlich von unserem Kopf gesteuert. Dies bedingt in aller Regel „verkopft" zu sein, letztendlich sich selbst und der Natur entfremdet, mit allen Störungen im Persönlichen und in der Gesellschaft. Das Idealbild des >>knackigen Arsches<< betont den Gegenpol, richtet uns auf Natur, Erde, Lust, Lebensfreude und Lebensenergie. Es erdet uns, erhöht unsere Spannung, sorgt dafür, daß wir nicht in der Scheinwelt der Medien, in der virtuellen Welt, verloren gehen. – Für den Mann ist diese Erdung noch wichtiger als für die Frau und ein wesentlicher Teil einer echten, befriedigenden Sexualität. Die Frau hat von Natur aus eine nähere Verbindung zu Mutter Erde. –

Erfahren wir in Beispielen >>schöner Schnupfen, schöne Scheiße<< als Gewinn eine Bewußtseinsentwicklung, so erkennen wir im Beispiel >>knackiger Arsch<< einen Energiegewinn. Unsere Ausrichtung auf unser Gesäß kann damit zu Gewinnen ganz anderer Art führen als wir sonst bei Erfolgs- und Gelddenken haben. In diesen Fällen verfluchen wir unser Hinterteil nicht, betrachten ihn nicht als Übel, sondern bewerten ihn positiv. Das Betrachten eines knackigen Jungmädchenpopos bringt uns also einen Gewinn in Form von Lust und Lebensfreude.

Wenn wir fluchen, verfluchen wir im Grunde unseres Wesens unsere *Abhängigkeit* von Produkt, Geschäft, Erfolg und Geld: Auch wenn die bestehenden, gesellschaftlichen und wirtschaftlichen Verhältnisse und unser Alltag eine andere Realität zum Ausdruck bringen, so haben wir bereits dennoch ein sensibles Gespür für das Wahre, Echte, Ehrliche, auch wenn wir damit noch nicht offiziell leben.

Wenn wir so tief wie im Vorangehenden nachspüren, erkennen wir auch hier einen Umschlag in unserer Bewertung, eine Wende in unserer Empfindung. Wir können fast ausschließlich auf den äußerlichen, materiellen Lebensaspekt ausgerichtet sein, also geschäfts-, produkt- und erfolgsorientiert sein. Wenn wir diese Lebenseinstellung übertreiben und dabei versuchen, andere zu übervorteilen, werden wir Arschloch genannt, wohl zu recht. Wenn wir in der Lage sind, neben dem Geldgewinn auch noch einen immateriellen Gewinn zu sehen, ihn zu akzeptieren und ihn zu schätzen, können wir zu einer grundsätzlich anderen Lebenseinstellung gelangen. Unsere Abhängigkeit und der Zwang zum Geschäftemachen weicht einer Gelassenheit, die wir mit Humor in Verbindung bringen können. Ich habe schon in Kapitel 2 darauf hingewiesen, daß am Ende unseres Raffinerie- und Produktdenkens nicht zwangsläufig das Geld stehen muß wie bei dem Goldesel, sondern etwas Feineres und *Wertvolleres*, nicht Materielles, ein anderes Wertesystem. Ich verglich es mit dem Ojas in der altindischen Kultur und bezeichnete es vorab als Bewußtheit. In diesem Kapitel nun sahen wir, unter welchen Bedingungen wir uns dieser anderen Grundhaltung nähern können. Wir haben den immateriellen Gewinn, die gewonnene Lebenserfahrung, die „Aha" Erlebnisse als Belohnung für Mißgeschick und erlittenen Verlust kennengelernt. Dabei wandelt sich gleichzeitig der >>verfluchte Arsch<< in Kraft und Lebenslust als >>knackiger Arsch<<, die >>verdammte Scheiße<< wird zu >>schöner Scheiße<<. Der geheimnisvolle Umschlag, der Ort der Wandlung, scheint mit dem gut versteckten Teil unseres Gesäßes, unserem Anus und unserem Steiß, in einer besonderen Beziehung zu stehen. Die Fähigkeit, auch aus Negativem das Beste zu machen, uns auch dann wieder aufzurichten, wenn wir >>ganz tief in der Scheiße<< sitzen, haben wir als Humor kennengelernt. Allem Anschein nach steht diese Fähigkeit mit dem Ort des Umschlags und der Wandlung in direkter (energetischer) Beziehung. Darauf werde ich noch weiter unten eingehen.

Wir kommen jetzt zu einem weiteren bemerkenswerten Aspekt unseres Gesäßes und Themas, dem Gesäß als Energiesymbol. Ich habe zu Beginn diverse Redewendungen und Flüche aufgezählt, die alle mit dem Thema des Buches zusammenhängen. Es war nur eine kleine Auswahl aus dem riesigen Reservoir des Volksmundes. Davon haben wir nur einige wenige eingehender auf ihre tiefere, nicht ausgesprochene Aussage durchleuchtet. Wir konnten erkennen, daß die Bedeutungen komplex und vielschichtig sind, auch wenn es um die gleiche Sache, z.B. das Gesäß oder den Kot geht. Dennoch weiß jeder sofort, worum es geht, was gemeint ist, auch wenn er die tieferen Zusammenhänge wahrscheinlich nicht bewußtseinsmäßig analysieren kann, wie ich es hier in diesem Buch mache. – Wir erkennen also intuitiv bei fast gleichlautenden Begriffen die unterschiedlichste Bedeutung. Der nicht ausgesprochene Teil, die „Stumme", die andere Hälfte der Stimme, scheint bei der Thematik Gesäß und Anus in besonderer Weise präsent zu sein. Wenn ich von Stimme und „Stumme" als Einheit und Getrenntheit spreche, meine ich dies wie Tag und Nacht oder Yin und Yang. Es gibt ein umgekehrtes sprachliches Phänomen, bei dem eine Sache sehr viele unterschiedliche Ausdrücke haben kann. Bei einem Indianerstamm hoch im Norden Kanadas, der fast ausschließlich von Rentieren lebt, soll es 60 bis 70 verschiedene Ausdrücke für Rentier in der Sprache geben. Ich nehme an, daß das Rentier für diese Volksgruppe eine viel tiefere Bedeutung hat, als wir in unserer Zivilisation ahnen können, eine Bedeutung, die bis ins Mystisch – Numinose auf der unbewußten Ebene verankert ist. Dabei wird Rentier als Lebensspender oder noch abstrakter als Leben gleichgesetzt. Wir wissen in unserer hochentwickelten Zivilisation ein wenig aus wissenschaftlicher Sicht, was Leben ist. Wirklich benennen können wir es noch nicht. - Der stumme, nicht ausgesprochene, nicht benennbare Teil >>des Lebens<< ist bei den Rentierzüchtern auf Grund ihres täglichen Lebenskampfes mit der Natur wahrscheinlich besonders gegenwärtig; und er ist damit stark „energiegeladen". Der Indianer kann also in seiner Sprache mit den verschiedenen Bezeichnungen für Rentier unbewußte Inhalte des Lebens in treffender Weise zum „Ausdruck" bringen. – Dem Gesäß und Anus kommt in unserer auf Geld und Macht zentrierten Gesellschaft, als einem „charaktervollen Ende" unseres Körpers, ebenfalls eine besondere Aussagefülle als energiegeladene Körperregion zu. Wir müssen zwar als Abendländer nicht um unser Überleben kämpfen wie die Rentierzüchter, dafür laufen wir Gefahr, in Luxus und Müll und sonstigem Abfall zu ersticken und unterzugehen; unser Leben ist also ebenfalls bedroht, nur in einer ganz anderen Weise.

Der Mensch muß sich entscheiden zwischen Abhängigkeit und Gefangenschaft in einem materiellen Teufelskreis oder Freiheit in einer Welt, die völlig anders ist als die bisherige und die andere Grundwerte hat. Dabei scheinen Energiereichtum, Eindeutigkeit und Klarheit eine große Rolle spielen. – Wenn wir, wie so häufig, von echt, wahr, ehrlich und wirklich reden, wie schon mehrfach erwähnt, meinen wir auch diese Eigenschaften, also *Energiereichtum, Eindeutigkeit und Klarheit*, auch wenn dies uns nicht bewußt ist. Mit diesem Anspruch haben wir bereits einen deutlichen Bezug zu der supramentalen Bewußtseinsebene und signalisieren unseren Wunsch, den großen Sprung zu wagen. Darüber mehr in den folgenden Kapiteln.

5. Kapitel

Zwischenbilanz, das Gesäß, der Ort des Umschlags, der Wendepunkt, von einer materialistischen Weltkultur in eine zukünftige, mehr geistig orientierte Welt.

> Die Mutter aller Triebe ist der Trieb nach Erkenntnis.
> Ohne ihn würde selbst das Universum sich nicht mehr bewegen.

Ich möchte in diesem Kapitel das Bisherige zusammenfassen und in einen größeren Zusammenhang stellen. Ich habe bisher versucht, die großen wirtschaftlichen und gesellschaftlichen Probleme unserer Zeit mit den ganz banalen menschlichen und „zutiefst körperlichen" Aspekten zusammenzuschauen, ihre gegenseitige Bedingtheit zu beleuchten. Es ist mir ein besonderes Anliegen, auf diese, vielen Menschen noch unbewußten Zusammenhänge, hinzuweisen und zu versuchen, sie ein wenig klarer zu machen. Wir wissen seit ewiger Zeit, daß sich die Dinge des Lebens im Großen wie im Persönlichen nur ändern, wenn sich der Mensch selbst ändert, d.h. auch den Mut hat, an seiner Grundstruktur, an seinem Charakter Änderungen zuzulassen. *Charakteränderungen sind Bewußtseinsänderungen*. Eine Änderung des Bewußtseins läßt im Extremfall Hochkulturen untergehen und Weltreiche zusammenbrechen sowie neue entstehen. Der Untergang des Sowjet – Imperiums ist hierfür ein nahes und anschauliches Beispiel. – Innerer mutiger Drang oder fordernder Sog von außen sind erforderlich, weil entsprechende Änderungen nicht ohne Geburtswehen und Schmerzen sich vollziehen. In einer Gesellschaft, in der die Medien >>*Forever young*<< und >>*Ich will so bleiben, wie ich bin*<< als Lebensinhalt hochstilisieren, wird eine tiefgreifende gesellschaftliche Änderung eher erschwert als begünstigt.

Man sagt heute gern: **Bewegung ist Leben, Leben ist Bewegung.** Wir sind stolz auf unsere Geschwindigkeit und merken dabei nicht, daß wir es gar nicht sind, die sich aktiv bewegen, sondern daß wir uns nur per Technik bewegen lassen. Ein enormer, raffinierter gesellschaftlicher Schwindel. Selbst Skifahrer, die noch auf eigenen Füßen (Skibrettern) einen Berg heruntersausen, bemerken nicht, daß ihr schnelles Vorwärtskommen, ihre „Lebendigkeit" von der vorangehenden Tätigkeit des Lifts abhängt. Hier fehlt es an Bewußtheit. **Leben ist Bewegung und Reifung, Bewegung und Reifung ist Leben,** wird es morgen heißen.

Wir sehen an dem Beispiel eines jungen Paares im Zusammenhang mit der Geburt ihres ersten Kindes, wie eine durchgemachte, tiefgreifende innere Veränderung zu einer starken Veränderung ihres Umfeldes werden kann. Vor der Geburt des Kindes ist das Paar noch in dem Freundeskreis eingebunden, der sich in der Ausbildung und durch das Arbeitsleben entwickelt hat. Mütter mit Kinderwagen nehmen sehr schnell Kontakt zu anderen Müttern mit Kinderwagen auf. Der neue, Aufmerksamkeit fordernde Lebensinhalt läßt neuartige Beziehungsgruppierungen entstehen, die dann normalerweise zu einem neuen Freundeskreis führen. – Hier spielt Neuanfang und Geburt neben Abschied und Untergang des Bisherigen im Kleinen und Persönlichen genauso eine wesentliche Rolle wie bei der Veränderung des Sowjet – Imperium im Großen. Ich versuche eine Deutung: Geburt ist etwas ganz Grundlegendes, Archaisches, Bedeutungsvolles, bekanntlich ein Mysterium. Als sichtbarer Anfang von Lebendigkeit steht es in enger Beziehung zu Tod, dem Ende der sichtbaren Lebendigkeit. Schwangerschaft und Geburt führen bei der Frau bekanntlich nicht nur zu ausgeprägten körperlichen Veränderungen, sondern auch zu psychischen. Klar, daß durch eine Geburt eine Frau auch eine strukturelle – charakterliche Veränderung erfahren *muß*.- So ist es denn auch überwiegend die Frau, die die neuen

Freunde mit Kinderwagen ins Haus bringt. Wir sehen auch hier ein kraftvolles Geschehen im Zusammenhang mit unserer unteren Körperhälfte. Hier spielen grundsätzliche strukturelle Vorgänge – Geburt, Charakteränderung, Tod und Leben, Nähe von ganz außen zu ganz innen usw. eine entscheidende Rolle. Wir werden befähigt, an einem Prozeß des Wandels, des Umschlages und der Änderung teilzunehmen. Das hier zuletzt genannte Beispiel entstammt nicht der bisher ausschließlich bearbeiteten Gesäß – Kotebene, sondern berührt den Nachbarbereich Sexualität. Wir sehen hier Sexualität, Zeugung und ein „spezielles Produkt" unserer sexuellen „Tätigkeit", das Kind, in direkter Beziehung zu unserem Gesäßthema.

Ich versuche nun im Folgenden, die Unterkörper – Gesäßproblematik, die ich bisher im körperlichen Bereich und im größeren gesellschaftlichen Rahmen beleuchtet habe, von einer noch höherliegenden, noch mehr distanzierenden Warte zu betrachten: Wenn wir bedenken, daß unsere dunklen menschlichen Seiten mit unserem Unterkörper und in diesem besonders mit dem versteckteren Anal- und Genitalbereich aufs Innigste verknüpft sind, kann es nur gut sein, wenn wir uns im Bedarfsfall, wenn wir es wollen, wenn wir frei und nicht dauernd abhängig sein wollen, die

Möglichkeit einer Distanz schaffen können. – Wir wissen, von weiter oben, aus Distanz sieht die Welt ganz anders aus. Nach dem Überschlafen eines Problems, also dem Abstand einer Nacht, können wir oft zu ganz neuen Einsichten (in das Dunkle?) und zu besseren Entscheidungen kommen. Unsere Triebe sind für nur deshalb so gefährlich, weil wir uns nicht distanzieren können. Habsucht, Gier, Geiz und Neid, um nur einige zu nennen, sind mit unserer dunklen Seite, unserem Unbewußten und unserem Unterkörper aufs engste verknüpft. Wenn wir nicht fähig sind, Herrscher zu sein, in der Freiheit eines Königs über unsere tiefe, triebhafte Seite zu herrschen, werden wir nur von ihr beherrscht. Wollen wir uns also aus Abhängigkeit und Verstricktheit lösen, brauchen wir Distanz. Zu unserem inneren Fühlen bekommen wir eine zweite Wahrnehmungsmöglichkeit, die Draufsicht aus Distanz. Erst dann haben wir die Möglichkeit der Wahl. Ohne Bewußtheit sind wir nur Sklaven eines hochkomplexen Systems, das alles beherrscht und regelt.

Ich versuche jetzt, die mir größtmögliche Distanz zu unserem hautnahen Thema einzunehmen.

Seit der Jahrhundertwende, seit Albert Einsteins „Relativitätstheorie" (1905), die die Relativität der Zeit im Großen beschreibt und der „Quantenmechanik" (1908) Max Plancks, die die Rela-

90

tivität und Subjektivität im Kleinen darstellt, ahnen wir, daß unser Weltbild, unsere Realität so wie wir sie seit Isaac Newton mit seiner Entdeckung der Schwerkraft als „Newton'sches mechanisches Weltbild" erfahren haben und immer noch in ihm leben, in Wirklichkeit so nicht stimmt. Die „wirkliche Wirklichkeit" ist ganz anders, im Groben machte sich das bisher für unsere alltägliche Wahrnehmung nur gering bemerkbar. Natur- und Geisteswissenschaften sind ständig mit den Eckpfeilern dieser Erkenntnis Albert Einsteins und Max Plancks und ihrer Folgeentwicklungen konfrontiert. Atombombe, Atomenergie, Weltraumforschung, Computertechnik, Molekularbiologie und Gentechnologie basieren auf den neuen Erkenntnissen des Einstein / Max Planck'schen Weltbildes. Die wissenschaftliche Entwicklung unseres Jahrhunderts bis hin zu den Zivilisationskrankheiten und Umweltproblemen (die Krankheiten unserer Mutter Erde) und unsere gesellschaftlichen Probleme wären ohne sie nicht denkbar. Die Wissenschaft des Newton'schen Weltbildes beschäftigte sich z.B. in Physik und Chemie mit den Zusammenhängen im molekularen und atomaren Bereich, in der Biologie mit den Gewebestrukturen und Zellen. Heute stehen dagegen die Zellstrukturen und die Kernstrukturen mit den Genen im Biologischen und die Atomkernstrukturen im Physikalischen im Zentrum des Interesses.

Die Einstein / Max Planck'schen Naturgesetze haben zu einer Erkenntnisflut geführt, die in einem Bereich unseres inneren und äußeren Umfeldes sich abspielen, den wir vorher überhaupt nicht wahrnehmen konnten oder vor lauter wissenschaftlicher Hybris nicht wahrnehmen wollten. Der feinstoffliche Bereich, die feineren Strukturen in allen Lebensbereichen waren vorher der Wissenschaft nicht zugänglich und sind es zum großen Teil auch heute noch nicht. Sie unterliegen neueren Naturgesetzen, die sich aus Subjektivität und Relativität der Einstein / Max Planck'schen Gesetze ergeben. Deutliche Lebenszeichen, die im Grunde jeder spüren und wahrnehmen kann, wie Ausstrahlung oder in uns pulsierende Energie und die vielfältigen Erscheinungen, die mit diesen grundlegenden Lebensäußerungen zusammenhängen, wurden früher von der Wissenschaft total verleugnet und werden es zum Teil auch heute noch.

Unsere Grundhaltung, unsere gesellschaftliche und soziale und wirtschaftliche Struktur fußt immer noch weitgehend auf dem Newton'schen Weltbild. >>Das alte Weltbild ist von dem neuen durch eine mannshohe Mauer getrennt. Ein großer Teil der Menschheit, *besonders die Wissenschaftler, blicken heute voller Interesse über diese Mauer und versuchen das Neue mit dem Alten zu verbinden. Ihre Füße und der Unterkörper stehen noch fest auf der alten Seite. Viele machen schon kleine Sprünge mit ihren Augen und ihrem mentalen Bewußtsein über diese Mauer. Den ganzen Sprung über die Mauer, den totalen Transformationssprung, haben bisher nur wenige gewagt. Alle trainieren fleißig, es fehlt ihnen wohl nur noch an der notwendigen Gesamtenergie. Sie kriegen vielleicht nur noch nicht ihren Arsch hoch. Geld und Macht sind eben ein verfluchtes Problem.<<* - Mutige Kinder, vielleicht die Führungselite von übermorgen, wagen heute große Sprünge ohne dabei den Kontakt zu Mutter Erde zu verlieren. Sie sind so gut zentriert und geerdet, daß sie vorübergehend wie Vögel in der Luft, also ohne Bodenhaftung steuern können.

Ich nehme die subatomare Struktur des neuen wissenschaftlichen Weltbildes und die feinstoffliche Energiewelt, die uns umgibt und uns umfließt, als eine Einheit wahr, als die Struktur, die uns mit dem Ursprung des Universums verbindet. Sie ist ein Energiefeld, ist die Struktur der Resonanz und der Gleichzeitigkeit, die Struktur des Seins. - Es ist nicht der Himmel, in den wir nach dem Tode kommen, sondern der Himmel auf Erden, das Paradies, in das wir als ganz normale leibliche Menschen zurückkehren können. Unsere

Kinder, solange sie ihre Naivität und Erotik noch nicht verloren haben, wohnen in diesem Paradies.

Eine der wichtigsten Eigenschaften, vielleicht die wichtigste des neuen Weltbildes, ist eine bewußte Verbindung mit dem Universum und Ursprung, die sich als Urvertrauen zeigt. Im Laufe unserer Egoentwicklung können wir diese Verbindung verlieren, besonders dann, wenn wir die Kulturerrungenschaften zu hoch und unsere Naturabhängigkeit zu gering achten. Wir brauchen als Menschenkinder unsere Egoentwicklung zur Distanzierung, für Anlauf und Sprung in das neue Weltbild. Als Erwachsene dürfen wir nur als weise und bewußte Menschen dahin, da wir uns in grauer Vorzeit entschieden hatten, vom Baum der Erkenntnis zu essen. Wir hätten Vierfüßler bleiben können. Um an die Früchte des Baumes der Erkenntnis zu gelangen , mußten wir uns aufrichten. Damit begann Abhängigkeit und alle Folgeprobleme. Für die hungernden Völker der dritten Welt ist unsere bisherige Bewußtseinsstufe bereits paradiesisch und erstrebenswert. Die Welt muß dennoch einen weiteren Sprung wagen, einen Entwicklungssprung machen, der sie noch mehr in die Nähe ihrer Heimat bringt. - Wir befinden uns heute als abendländische Zivilisation irgendwo in der Nähe des Umschlagpunktes vom alten zum neuen Paradigma, dem Punkt, an dem das Neue für die Meisten erkennbar und eindeutig zivilisationsbestimmend und alles neuordnend und beeinflussend wirkt. - Wir sind in einer Situation, wie in einem Raumschiff, an dem Umschlagspunkt, an dem es entweder das Gravitationsfeld der Erde verlassen kann oder sich von ihm zurück zur Erde tragen lassen kann.

In der Natur vollzieht sich alles fließend, nicht wie in der Technik - „ Klappe auf, Klappe zu." Eine Sekunde nach der Geburt beginnt ein Lebewesen bereits schon zu sterben (!), obwohl es noch lange nicht sein Lebensoptimum erreicht hat. Bei der Geburt ist die Lebensenergie maximal und die „Todesenergie" minimal, im Tode entsprechend umgekehrt.-. Eine Meereswelle fühlt und ahnt schon ihren Tod an einem fernen Strand noch bevor sie ihr Maximum durchlaufen hat.-. Der Umschlag, die Wende zu dem neuen Paradigma bereitet sich seit vielen Jahrzehnten vor. Im Grunde schon mit der vollständigen Klärung unseres Sehens mit unserem optischen Apparat durch die Perspektive - Gesetze Leonardo da Vinci's (siehe Jean Gebser „Ursprung und Gegenwart"). Damit hatte bereits das mentale Bewußtsein und Denken für eine kleine Elite sein Optimum erreicht. Das „musikalische Thema" war erkannt. Es bedurfte dann nur noch einiger Jahrhunderte, um dieses Thema in unterschiedlichsten „musikalischen Sätzen" umfassend auszuarbeiten. Für mich spielt in diesem Zusammenhang die wesentlichste Rolle, daß wir nicht nur einen Projektionsstrahl aussenden um ein Bild zu schießen, einen Schnappschuß, eine Projektion (Projektil gleich Geschoß) zu machen, sondern das wir gleichzeitig das „Äußere" in uns durch eine Abbildung „erleiden". - Die ca. hundert Jahre später erfolgte Entdeckung der Schwerkraft durch Isaac Newton ist dann aus meiner Sicht bereits schon der Anfang des inneren Geschehens, das uns jetzt dazu zwingt, einen großen Sprung in unserer menschlichen Entwicklung wagen zu müssen, den Transformationssprung.

Aus größerer Distanz, aus dem Blickwinkel der Geschichte, wird man den Wendepunkt eines Tages sicherlich klarer als heute fixieren können. Vielleicht ist es der Zusammenbruch des Sowjet - Imperiums mit dem Fall der Berliner Mauer, „die Wende" und das Öffnen und Überspringen einer bedeutungsvollen Mauer? - Ich halte ein ganz unscheinbares Ereignis für im Grunde gleichwertig. Ich meine die Nennung der gefühlten Temperatur neben der gemessenen Temperatur in den Nachrichten. Dies bedeutet für mich, daß der Mensch wieder in das Zentrum unseres Interesses gerückt wird und damit seine subjektive Empfindung als nennenswert angesehen wird. Damit wird gleichzeitig die Bedeutung der wissenschaftlich gemessenen Temperatur relativiert. Hiermit wird in einem ganz konkreten menschlichen Bereich die Dominanz des bisherigen wissenschaftlichen (Newton'schen Weltbildes) in Frage gestellt. Das zweite Ereignis ist ein „kleines, geistiges, qualitatives Ereignis", das erste ein „materielles, Macht bezogenes, quantitatives". Im Grunde ist es schon lange bekannt, nicht Panzer und Gewehre bestimmen den Ablauf der Geschichte sondern Ideen.

Wir können den Umschlag, die Wende im Bewegungsablauf unseres Zeitgeschehens mit einem Pendel versinnbildlichen. Das Pendel nähert sich einem Umschlagspunkt, ein Teil unserer persönlichen und zivilisatorischen Energie bewegt sich noch in Richtung Ausschlag, ein anderer Teil hat bereits die Gegenbewegung. Es ist leicht, eine Pendelbewegung physikalisch und rechnerisch in eine Wellenbewegung umzuwandeln. So können wir auch sagen, ein Teil von uns bewegt sich noch in Richtung Wellenberg, und der andere Teil schon in Richtung Wellental. Irgendwann, an dem eigentlichen Umschlagspunkt, wird schließlich eine Bewegungstendenz überwiegen und den weiteren Verlauf bestimmen. Mit dem Beispiel des Pendels sind wir mehr gefühlsmäßig an ein mechanisches Geschehen gekoppelt, mit dem Wellenbeispiel mehr an einen energetischen Prozeß, an die Welt der Schwingung und Strahlung von Infrarot über Licht bis hin zur kosmischen Strahlung, die alles durchdringt und sehr tief unter der Erdoberfläche noch nachweisbar sein soll. Mit dem Einstein'schen / Max Planck'schen Weltbild und dem neuen Paradigma treten wir bewußtseinsmäßig in eine neue Welt ein, die bisher für uns im Dunkeln lag, unbewußt war, deren Erscheinungen wir als göttlich, numinos, mystisch und übermenschlich bezeichnet haben, wenn wir mit ihnen in Kontakt getreten sind. Im wissenschaftlichen Bereich, der Speerspitze unserer jetzigen mentalen Bewußtseinsstufe und Zivilisation, haben wir in den letzten Jahrzehnten unseren Kontakt mit diesen Erscheinungen stark vergrößert. Als Bild habe ich den Blick über die Mauer, die uns von der neuen Welt trennt, genannt. Der hier beschriebene Wandel der Gesellschaft und ihres Bewußtseins *muß* sich zwangsläufig in jedem einzelnen Menschen in irgendeiner Form bemerkbar machen. Schließlich ist es der Mensch selbst, der diese Gesellschaft bildet. Auch wenn der Mensch sich z.Zt. vom mentalen zum supramentalen Bewußtsein verändert und wir unser Energiefeld als neues „Zentrum" unserer Bewußtseinsstufe lokalisieren können, ist der Punkt, an dem sich dieser Wandel, dieser Umschlag, diese Änderung in unserem Körper z.Zt. schicksalshaft konzentriert, unser Gesäß und unser Anus, das Zentrum um das unser Thema kreist.

Wir haben jetzt nicht nur unseren unmittelbar körperlichen Bezug und die äußere Welt unserer normalen Aktivitäten in unsere Überlegungen miteinbezogen, sondern zusätzlich den höheren Aspekt unseres Weltbildes und unserer Bewußtseinssituation mit der Tendenz unserer gesellschaftlichen Entwicklung. Damit haben wir die Möglichkeit einer großen intellektuellen Distanz bis hin zu der Nähe des unmittelbaren Fühlens. Halten wir als Menschheit diese hohe Spannung aus und fliegt unser Pfeil in neues, unbekanntes Land oder wird der Bogen brechen? Damit sind wir wieder bei dem Titel dieses Buches „Sind wir im Arsch?", gemeint ist auch die Frage, ob wir als Menschheit und Zivilisation verloren sind, ob wir unsere Umwelt- und Zivilisationsprobleme nicht mehr in den Griff bekommen. Gleichzeitig frage ich als Autor, inwieweit diese Situation tatsächlich besonders mit unserem Arsch, also mit Gesäß und Anus zu tun hat. - Wenn wir uns diese Situation bewußt machen können, haben wir sicher eine bessere Chance, für uns selbst und auch für die Welt heilsam zu sein.

Wir haben in diesem Kapitel wie ein Weltraumpilot das Erdgeschehen aus Distanz betrachtet, kommen wir jetzt wieder zu dem uns ganz naheliegendem, unserem Körper zurück. In den bisherigen Kapiteln habe ich über die Gegensätze von Geist und Materie, von bewußt und unbewußt

und von außen und innen gesprochen. Der
Wunsch nach Überwindung dieser ewigen Gegensätze drückte sich in den Begriffen Umschlag,
Wende, Umwandlungsprozeß und Transformation aus. - Der Begriff Wandlung hilft uns vielleicht am besten weiter, weil wir in ihm auch eine
Wand, eine Mauer erkennen können, die uns hin-
dert und die wir *überwinden* müssen. Dem eingangs erwähnten neuen Lebenssinn und den neu-
en Werten, nach denen wir suchen, entspricht auf
der körperlichen Ebene das Energiefeld, das uns
durchdringt und das wir als Aura und Ausstrahlung wahrnehmen können. Diesem entsprechen
im wirtschaftlichen Bereich die neuen Technolo-
gien, die sich aus dem wissenschaftlichen Zugang zu den feineren Bausteinen unseres Universums ergeben haben. In Forschung und Technik
gehen wir schon lange mit diesen Erkenntnissen
um, im Persönlichen und Körperlichen *hinken*
wir hinterher. Als Hinkende müssen wir eine psy-
chische Wand überwinden, einen Sprung wagen,
uns eindeutig zu einer neuen Bewußtseinsstufe
bekennen, wollen wir die von vielen prognostizierten Krisen der kommenden Jahre überstehen.
-Ich werde in den folgenden Kapiteln zeigen, daß
dieser Schritt im Grunde uns seit ewiger Zeit auf-
erlegt und vorgegeben ist, und daß er sich bereits
heute in vielen persönlichen und gesellschaftlichen Dingen vollzieht und unser Leben zuneh-

mend beeinflußt, auch wenn dies uns meistens nicht bewußt ist. - Dabei spielt der Endpunkt unseres Körpers, also Gesäß, Anus und Steiß als Punkt der Wandlung, als Übergangspunkt von ganz innen nach ganz außen eine zentrale Rolle.

Ich habe in den bisherigen Kapiteln einen tiefen, den Psychologen schon lange bekannten Zusammenhang von Geld, Gold und Kot auf seine Relevanz in unserer heutigen Zeit untersucht. Vielen Lesern dieser Schrift wird es im ersten Anlauf nicht möglich sein, dieses seelische Geheimnis als Tatsache in ihr Leben bewußt zu integrieren. Der Sprung von der bisherigen Sichtweise unserer Zivilisation, mit der wir noch wohl eine Zeitlang auskommen müssen, in die neue zukünftige Welt, ist für viele noch zu groß. Wer nicht ganz tief in sich ein unverrückbares, festes Zentrum fühlt, wird die entstehende Spannung zunächst nur schwer aushalten können. Frauen haben zu allen Zeiten solche Spannungen besser ausgehalten als Männer. Sie waren fähig, in einer männlich orientierten Welt zurechtzukommen und erhielten sich dennoch ihre weibliche Wahrnehmungsweise des Lebens. – Heute gelingt dieser Spreizschritt oft nur noch den animalisch – naturhaften Frauen. Zu viele von ihnen versuchen in einer männlich - dominierten Welt (bei allerdings materialistischem d.h. weiblichem Weltbild), wie eine Margret Thatcher, die Männer noch an Männlichkeit zu übertreffen.

Wir konnten erkennen, daß die großen Probleme unserer Zeit und die Chance unseres menschlichen Überlebens auf dieser Erde in einem unmittelbaren Zusammenhang zu dem Geheimnis steht, das sich um Geld, Gold und Kot rankt. – Es war mir wichtig zu zeigen, daß dieses Geheimnis alle unsere Lebensbereiche durchzieht und überall an die Oberfläche, das heißt an die Bewußtwerdung drängt. Um diesen Tatbestand zu erläutern und zu kräftigen, habe ich die verschiedensten Betrachtungsebenen nebeneinander gestellt. Daß die Menschheit sich irgendwie an einer Wende befindet, wird von Vielen gespürt und auch verbalisiert und ist darüberhinaus nicht wenigen schon eindeutig und klar. – Ein wesentlicher Aspekt eines Umschlages, eines Wandels, einer Wende, einer Transformation, eines Sprunges in der Natur und im Bewußtsein ist die Gleichzeitigkeit von Altem und Neuem, von noch Bestehendem und dem Zukünftigen, Werdenden, von der Tendenz zu bremsen und zu verharren und dem Wunsch durchzustarten. – Die von vielen geahnten oder prognostizierten Katastrophen sind Ausdruck dieser bestehenden und vielleicht noch kumulierenden Krise, die Krise eines die Menschheit aufs tiefste bewegenden Überganges. Dieser Übergang wird für uns Menschen, auch bei Berücksichtigung all unserer Individualität zu einem Problem, das, verstärkt in unserem materiellen Bereich, also unserer Gesäß- und Anusregion, natürlich auch in der Sexualität sichtbar wird. Hier vollzieht sich die Wende am deutlichsten, hier ist der Angelpunkt, hier zeigt sich symbolisch oder ganz konkret die heute als verlogen empfundene Welt von gestern und die ersehnte, heilere Welt von morgen. Es ist der körperliche Ort, an dem die Menschheitsprobleme Macht und Geld lokalisiert sind. Die neue Bewußtseinsstufe ist zwar der Großhirnrinde zugeordnet und durch diese erst möglich, aber erst die bewußtseinmäßige Integration unseres vitalen und archaischen Unterkörperbereiches ermöglicht den Bewußtseinssprung. Ich komme darauf noch zurück.

Das neue Leben, das Kind der Zukunft, hat eine schwierige Geburt, schließlich hat es viele neue Eigenschaften, die bei den Eltern bisher nicht erkennbar waren. Dieses Kind ist unsere Zukunft, es könnte vielleicht den Erhalt menschlichen Lebens gewährleisten. Auf jeden Fall sollten wir unsere Aufmerksamkeit auf den Geburtsvorgang richten, dabei sein, anwesend sein, achtsam sein, uns auf die Kraft des Lebens besinnen und Anteil nehmen, vielleicht auch schon ganz sanft, mit all unserer Weisheit ein wenig unterstützend wirken. – Dieses Kind ist unser neuartiger Gewinn, unser Kapitalertrag, unser Zins. Es ist Integration von

Materie und Geist, seine herausragendste Eigenschaft ist seine Bewußtheit. Sie erfordert unter anderem auch einen neuen Umgang mit Arbeit und Verdienst. Ich werde die beiden großen Problempunkte Arbeit und Geldverdienst in den nächsten Kapiteln berühren und im Weiteren nach Entsprechungen in unserer Körperlichkeit suchen, nach bereits vorhandenen Ansätzen in unserem täglichen Leben Ausschau halten, in denen unsere zukünftige Lebensweise sich bereits zeigt. Wir wollen nach Lebensmustern und Therapieformen spüren, die den unvermeidlichen Wandlungsprozeß in uns fördern. Wir wollen herausfinden, was uns persönlich und gesellschaftlich erwartet, wenn wir nach dem Bewußtseinssprung gelandet sind.

6. Kapitel

An sich arbeiten, die Arbeit der Zukunft. Die Erlangung von Bewußtheit, daß neue Lohn- und Gewinnprinzip.

> In dem bisherigen mentalen Theaterspiel des Lebens erhalten wir Erkenntnis nur als Nebenprodukt.

Unser Thema, die Güterproduktion und die damit verbundene Abfall- und Müllproduktion, steht in direktem Zusammenhang zum Thema Arbeit, die die Produktion schließlich erst ermöglicht. - Arbeit mit seiner negativen Erscheinungsform, der Arbeitslosigkeit, wird mit zunehmender Tendenz zu einem Brennpunkt unserer zivilisatorischen Konflikte. In der frühen Nachkriegszeit, der Zeit des Wiederaufbaus, der Zeit der Vollbeschäftigung galt noch der Grundsatz: >>*Wer die Arbeit kennt und sich nicht drückt, der ist verrückt.*<< Heute reden wir von *Recht auf Arbeit* und erkennen die Notwendigkeit von Arbeit als basales Lebensprinzip. Wer keine Arbeit hat, nimmt nicht mehr am Strom des Lebens teil, fühlt sich nutzlos oder läuft Gefahr ausgestoßen zu werden. - Die Realität des Lebens verbindet Arbeitslosigkeit mit der Nähe zur Gosse und dem Niedergang durch Suchtkrankheiten. Heute droht demjenigen „Verrücktheit" und gesellschaftlicher Abstieg, der keine Arbeit hat. Die Angst vor Verrücktheit oder Wahnsinn ist sehr groß, wie an der BSE-Krise deutlich wurde. Der kollektive Wahnsinn, in dem sich große Teile der gesamten Gesellschaft bereits befinden, wird verständlicherweise strikt geleugnet.

Die verantwortlichen Träger des öffentlichen Lebens sind einhellig und ehrlich bemüht, Wege aus der Arbeitslosigkeit zu suchen. Offensichtlich ist es die Angst, die die unterschiedlichsten Interessengruppen verbindet und zu dieser bemerkenswerten Einmütigkeit treibt. Weltwirtschaftskrise, Inflation und Zweiter Weltkrieg haben glücklicherweise ihre heilende Wirkung noch nicht ganz verloren. - Und dennoch, das Problem Arbeitslosigkeit und Arbeitsplatzbeschaffung wird sich mit herkömmlichen, das heißt für mich mit mentalen, fortschrittlich - wissenschaftlichen Methoden nicht lösen lassen. Verfeinerte Technik, Computerisierung und zunehmende Automatisation verdrängen herkömmliche menschliche Arbeitsplätze; schließlich ist es ja das angestrebte Ziel, billiger zu produzieren und teure Löhne und das heißt Arbeiter einzusparen. Wir wollen unseren Geldzufluß und Geldanteil mindesten erhalten, eigentlich sogar noch vergrößern, dafür müssen wir billiger produzieren. Unser gesamtes Bestreben ist bei genauerer Betrachtung gerade darauf gerichtet Arbeitsplätze einzusparen. Diese klare Aussage ist in unserer Gesellschaft bisher noch tabuisiert, weil niemand wagt, ein alternatives Denkmuster, wie hier angeboten, zu diskutieren.- Wir erkennen hier wieder einen Teufelskreis, den es zu durchbrechen gilt. Der Übergang zu lebensbejahenden, ökologischen Gesellschaftsformen, vor allen Dingen einer ökologischen Landwirtschaft, würde vielleicht viele Millionen neue echte Arbeitsplätze schaffen, das eigentliche Problem, die Wurzel des Übels wäre damit aller Wahrscheinlichkeit nach langfristig dennoch nicht beseitigt.

Die Wichtigkeit von Arbeit allgemein ist nicht neu. In früherer Zeit hieß es als Lebensgrundsatz *>>Ora et labora - bete und arbeite<<* Suchen wir nach einer entsprechenden Charakterisierung unserer heutigen Tätigkeit, könnten wir etwa sagen: *>>Arbeite und versuche dabei, soviel Geld wie dir möglich zu beschaffen<<*. – Der Teil, der durch Beten, z.B. als Meditation, sich Besinnen oder Kontemplieren abhandengekommen ist, verbirgt offensichtlich ein großes Geheimnis. Umverteilungsversuche wie in früherer Zeit, ganz gleich welcher politischer Couleur, haben heute keine Chance mehr. Jede bestehende politische Gruppierung muß um ihre

Machtposition fürchten, wenn in absehbarer Zeit das Arbeitsproblem nicht gelöst wird. Ich meine, wir stehen am Ende eines ausgereizten Wirtschaftsprinzips. Ich versuche hier in dieser Schrift den Ansatz für ein grundsätzlich neues Prinzip freizulegen. Neu bedeutet ein Prinzip, das dem neuen Paradigma gemäß ist.

Wagen wir einen Blick in die Vergangenheit. Die Weisen der Welt sagten zu allen Zeiten, daß wir uns nur *erinnern* müßten. Eine Weisheit ist immer doppeldeutig. Suchen wir diese Doppeldeutigkeit zu ergründen: Erinnern heißt in unserem üblichen Sprachgebrauch, daß wir uns dem in der Vergangenheit Geschehenen zuwenden, wir begeben uns also in die Zeit, in eine zeitliche Betrachtungsweise. - Im ganzheitlichen Sinn bedeutet erinnern, daß wir unsere äußerliche Betontheit verlassen und uns in unsere inneren geistigen Räume begeben, wie zum Beispiel durch beten, meditieren, kontemplieren, sich besinnen.

Beginnen wir mit der Zeitschiene, suchen wir in unserer Vergangenheit und gehen wir in eine Zeit, in der die schriftlichen Überlieferungen noch relativ groß sind, gehen wir in die Blütezeit der griechischen Kultur, ohne die unsere abendländische Entwicklung bekanntlich undenkbar wäre. Es ist die Zeit, in der mentales Denken, das wir heute in unserer Verzweiflung so anhimmeln, seine erste große Blüte erlangte, die Zeit der großen griechischen Philosophen und Wissenschaftler. Bekanntlich sind viele Kernaussagen der größten Geister der letzten beiden Jahrhunderte in Ansätzen schon in dieser Zeit formuliert worden. Damals wußte man sogar, daß die heilige Kausalität, nach der wir unser heutiges Leben so konsequent ausrichten, nur ein Teilaspekt möglichen Denkens ist.

In dieser für uns so bedeutungsvollen Zeit herrschte eine höchst interessante Lebensanschauung, aus der wir Wesentliches und Grundsätzliches für unsere heutige Zeit übernehmen können. Dies besonders deshalb, weil bei Betrachtung damaliger und heutiger Zustände zwei bemerkenswerte Zusammenhänge erkennbar sind:

Erstens, die menschliche Fähigkeit zu mentalem, richtendem, wissenschaftlichem Denken erlebte damals ihren Durchbruch. Heute erleben wir gerade das Gegenteil, die Menschheit steht mit dieser geistigen Grundhaltung vor ihrem Ende, wie bereits Viele voraussagen. - Zweitens, ein besonderer Umgang mit der Arbeit. Die Arbeit, die wir heute mit wachsender Tendenz Maschinen, Computern und Robotern übergeben, wurde in der damaligen Zeit von Sklaven verrichtet. Menschen, die einfache Tätigkeiten, vor allem körperliche Arbeit verrichteten, wurden als >>*Banusie-*

us<< bezeichnet, zu deutsch >>*Banausen*<<.
Der Lebensinhalt des kulturtragenden Griechen,
der Elite soll die Kontemplation gewesen sein,
und damit sind wir auch schon bei der zweiten
Bedeutung des sich Erinnerns. Kontemplation
bedeutet ein sich Sammeln, zur Ruhe kommen,
ein nach Innen lauschen; etwas, das man an einem heiligen Ort, wie einem Tempel macht, in
dem man zum Beispiel meditiert oder betet, letztendlich ein Beschäftigen mit geistigen Dingen.

Der Grieche der damaligen Zeit empfand diese
Beschäftigung mit dem Inneren als *intensivste*,
also *aktivste* und *lohnendste* Tätigkeit überhaupt.
Aus dieser Zeit stammt auch die Anekdote von
Diogenes und Alexander dem Großen: >>*Der
bekannte Philosoph Diogenes lebte in
einem großen alten Weinfaß. Bei einer
Begegnung mit Alexander dem Großen sagte
dieser zu Diogenes: Wünsche dir etwas,
ich bin bereit, dir jeden Wunsch zu erfüllen. Diogenes soll geantwortet haben:
Geh mir aus der Sonne!* – <<* Diogenes war
vielleicht der erste Mensch, der den Unterschied
zwischen Bewußtheit, Licht und Erleuchtung
sowie Geld, Macht und Müll erkannt hatte.

Die Wahrnehmung, daß eine Beschäftigung bei
äußerlicher, körperlicher Ruhe als höchst intensiv
empfunden werden kann, steht im Gegensatz zu
der heute noch vorherrschenden Aktivitätsvorstel-
lung, obwohl auch in unserer Zeit die Schwer-

punkte sich verlagern, indem zum Beispiel die sitzende Beschäftigung am Computer bekanntlich mit hoher geistiger Konzentration verbunden ist. Betrachtet man die Entwicklung des Volkssportes vom gröberen Fußball, über das feinere Tennis bis zum noch feineren Golfspiel, erkennt man auch hier eine Zunahme von Präzision und Konzentration. - Vergleichen wir einen kontemplierenden Menschen der damaligen Zeit mit einem Idol unserer heutigen Zeit, einen Autorennfahrer: Wir bewundern bei einem Autorennfahrer, daß er sich mit enormer Geschwindigkeit selbststeuernd fortbewegt. Wir realisieren aber nicht, daß er sich körperlich fast gar nicht selbst bewegt, sondern nur von seinem Fahrzeug bewegt wird und daß er in diesem Fahrzeug fast wie in einem Sarg liegt. Er macht bekanntlich nur noch kleine zuckende Bewegungen mit Händen und Füßen. Im Kopf ist er aufs höchste angespannt und wach. Seine Wahrnehmung ist ganz sicher aufs höchste aktiviert, jedoch total nach außen auf die Fahrbahn, auf die Konkurrenten und auf sein Fahrzeug gerichtet. Wie wenig er sich selbst beim Fahren als lebendiger Mensch noch bewußt spürt, können wir nur erahnen. Er spürt sich wahrscheinlich gar nicht, schließlich liegt er ja auch schon eingezwängt wie in einem zu kleinen Sarg und dazu noch in Embryonalhaltung.

Ich habe dieses Beispiel bewußt gewählt, um zwei Formen höchster geistiger Präsenz gegenüber zu stellen. Der kontemplierende, sich besonders aktiv und tätig fühlende frühere Grieche spürt suchend nach innen. Er hat die Möglichkeit, sich innerlich wahrzunehmen, sich zu erkennen, Erkenntnis zu erlangen. *>>Erkenne dich selbst<<* ist vielleicht sein wichtigster Lebensgrundsatz. Ein Idol unserer heutigen Zeit, der professionelle Autorennfahrer muß bei seiner Tätigkeit total nach außen gerichtet sein. Ein Sich-„Erinnern", ein Sicherkennen, ein Kontemplieren und Meditieren ist bei der Zerreißprobe Autorennfahrt sicher nicht möglich.

Bevor wir Gewinn und Lohn sowie Müllproduktion der alten Griechen einem Vergleich zu heute unterziehen, sollten wir danach Ausschau halten, in welcher Weise dieses ganz andere Arbeitsverständnis der Griechen vielleicht auch heute in unserer Zeit in einer abgewandelten Form auffindbar ist und ob diese abgewandelte Form bereits schon etwas Zukünftiges, ein Drittes, ein Kind, eine vielleicht ganz neue Arbeitsweise für die Zukunft ist.

Wenn es überhaupt einen Ausweg aus dem heutigen Teufelskreis Arbeit - Produzieren - Müll geben kann, so muß dieser Ausweg schon irgendwo sichtbar sein, schließlich sagt man, es sei fünf vor zwölf mit der Menschheit und Änderungen in

Natur und Bewußtsein geschehen nicht von heute auf morgen, sie vollziehen sich fließend. Suchen wir also nach einer neuen Arbeitsform, ihren Produkten und der Art ihrer Bezahlung, *einer Arbeitsweise, die jetzt schon in Ansätzen vorhanden ist und eines Tages vielleicht zivilisationsbestimmend und zivilisationsrettend sein kann.*

In der Wachstumsbranche Psychotherapie wird seit Jahren der Begriff Arbeit in einem anderen Sinn verstanden als sonst in der Gesellschaft. Dabei meine ich weniger Psychotherapie im herkömmlichen, schulmedizinischen Sinne, da hier der Staat bereits nach den üblichen Arbeitskriterien ordnend wirksam geworden ist. Ich denke mehr an die Vielzahl *alternativer therapeutischer „Techniken",* bei der sich Therapeut und Klient in unterschiedlichster Weise berühren, sei es durch Gespräch, über Hilfsmittel wie zum Beispiel Musikinstrumente oder bei Anleitungen auf der Matte. Der moderne Therapeut ist dabei nur Vorarbeiter und Anreger eines Prozesses, der Klient Nachmacher und Angeregter, also mehr Partner. Der Therapeut ist weniger Halbgott in weiß oder Lehrer, der von oben herab predigt. - Wenn Therapeut und Klient über ihre Tätigkeit sprechen oder anderen über diese Tätigkeit Mitteilung machen, sprechen sie von *Arbeit. Sie sagen, wir haben zusammen gearbeitet.* Arbeit in der hier genannten Weise gibt es bereits in den unterschiedlichsten Facetten; Psychoworkshops werden auf der ganzen Welt angeboten. Ich möchte das Prinzip an der Feldenkrais Arbeit erläutern. Hier trägt die Therapieform bereits den Begriff Arbeit im deutschen Sprachgebrauch im offiziellen Namen. Darüber hinaus scheint mir hier gerade die Beziehung und der Übergang von äußerlich körperlicher Bewegung zu innerer geistiger Beweglichkeit am klarsten.

Moshe Feldenkrais hat zwei ganzheitliche Methoden zu einem Schulungsprogramm für Körper, Geist und Seele entwickelt, das seit mehr als fünfzehn Jahren praktiziert wird und sich zunehmender Beliebtheit erfreut (siehe auch: Cheiron K. Sperber, Die Maske hinter der Maske, Kapitel 10). Bei der einen Methode, Bewußtheit durch Bewegung, werden Übungen meist liegend auf der Matte durchgeführt. Der Schüler / Klient versucht die vom Lehrer / Therapeuten vorgegebenen, zum Teil nie gemachten Bewegungsabläufe mit höchstmöglicher Präzision nachzumachen und dabei gleichzeitig die Auswirkungen dieser einen gezielten Bewegung auf den gesamten Bewegungsapparat zu spüren. Da wir nicht nur seelisch, sondern auch mechanisch / funktionell eine Einheit sind, erfahren wir, wie selbst kleinste körperliche Bewegungen, wie zum Beispiel mi-

114

nimale Kopfdrehungen oder auch nur isolierte Blickwendungen der Augäpfel den gesamten Bewegungsapparat miteinbeziehen. Je feiner wir diese Bewegungen machen, je mehr sie nur im Gedanklichen und in der Vorstellung ablaufen, um so umfassender nehmen wir uns als Ganzes wahr. Oder anders ausgedrückt, wir richten unsere Konzentration auf einen meist kleinen Bewegungsablauf und lernen, uns dabei ganzkörperlich wahrzunehmen. Je feiner, gedanklicher die gezielte Bewegung, um so intensiver das Ganzheits- und Gleichzeitigkeitserlebnis. - Ziel der Tätigkeit / Arbeit ist also nicht große Kraftentwicklung, großer Bewegungsumfang, wie zum Beispiel bei den meisten sportlichen Leistungen oder bei körperlicher Arbeit, wenn keine Maschinen zur Verfügung stehen, sondern gerade kleinste und präziseste Bewegungen. Das Schwergewicht liegt eindeutig auf der Betonung der Qualität, also dem Feinstofflich-Geistigen und nicht dem Quantitativ-Materiellen, das uns den Müll einbrockt.

Interessant ist hier die Umkehrung des Handlungsgeschehens im Vergleich zu einem naiv / erotischen, noch ungebrochenen Kind. Bei diesem ist die Bewegungsintention spielerisch, ziellos, der Bewegungsablauf ganzkörperlich / ganzheitlich erotisch! Im Gegensatz hierzu erinnert der Feldenkrais Lehrer / Therapeut während einer Unterrichtseinheit dem Gebrochenen, d.h. Erwachsenen und Übenden immer wieder die Notwendigkeit von Leichtigkeit und spielerischem Bemühen, also Kindlichkeit. Und dennoch heißt es Feldenkrais Arbeit, ich meine ein bedeutungsschwerer Widerspruch. Vielleicht einer der wesentlichen Schlüssel zu dem Geheimnis dieser effektiven neuen Form zu arbeiten. - Bei der Feldenkrais Arbeit kommt es zu Bewußtwerdung „innerkörperlicher Verknüpfungen", verbunden mit dem Reiz zum Teil völlig neuer bzw. längst vergessener Bewegungsabläufe. Heilungen von Fehlhaltungen und Verspannungen werden möglich, die bisher für unmöglich gehalten wurden. Intensität, Konzentration, Wachheit und Klarheit sind Eigenschaften, die für einen Heilungserfolg notwendig sind und zumindest für die Übungsstunde vorteilhaft sind. Diese Eigenschaften muß der Autorennfahrer bei seiner Tätigkeit auch entwickeln, nur konzentriert sich dieser, wie schon erwähnt, nach außen, während die Aufmerksamkeit des Feldenkrais Arbeiters nach innen gerichtet ist. - Der Rennfahrer verdient viel Geld als werbewirksames Aushängeschild für die Wegwerfgesellschaft. Damit ist er, wenn auch nur indirekt, an dem großen Müllproduktionssystem beteiligt. *Was verdient der Feldenkrais Arbeiter?* Gar nichts, er bezahlt sogar dafür, daß er arbeiten darf! - Oder verdient er doch? - Es muß sich ja irgendwie lohnen, sonst würde diese Arbeitsweise nicht permanent Zulauf haben. Klar, Lohn, Rendite, Gewinn lassen sich nicht wie üblich in Mark und Pfennig erfassen, dennoch ist da etwas, für das es sich lohnt zu arbeiten: >>*Ich fühle mich nach einer Feldenkrais Arbeitsstunde meistens sehr wohl, klar ich habe geübt, mich besser zu fühlen, mich im Ganzen durchzuspüren und mich ganzheitlich, harmonischer zu bewegen. Nun fühle ich einzelne Körperbereiche besser als vorher, ich fühle mich besser, ich habe Abgetrenntes, Vergessenes wiedergefunden, ich habe mich erinnert.* **Ich fühle mich wohler, I feel well, ich fühle mich gut.** *- Ich habe gearbeitet und bin hoch konzentriert und aktiv gewesen und fühle mich besser als vorher. Ich bekomme zwar kein Geld für meine Arbeit, sondern habe sogar Geld bezahlen müssen oder anders ausgedrückt, ich habe Geld investiert, dafür habe ich mehr Selbstbewußtsein bekommen, ich habe Selbsterkenntnis über mich erlangt*<<. Wir befinden uns hier an einem Angelpunkt unserer Betrachtungen, der Stelle, an der ich mich entscheiden muß, ob ich arbeiten und Geld verdienen will, um dieses dann, also indirekt, in Güter zu investieren oder ob ich mehr direkt in *mich selbst,* in meine Seele, in meine Gesundheit also in die feineren, nicht materiellen, nicht quantifizierbaren, also qualitativen „Produkte" des Lebens investieren will.

Bleiben wir noch bei den „Gewinnen", dieser anderen Art zu arbeiten. Die Konzentration und Intensität verbunden mit Lustgewinn und vielen Aha - Erlebnissen bewirkt bei der Feldenkrais Arbeit, daß die Zeit einer Übungsstunde für den Übenden oft subjektiv wesentlich schneller verstreicht, als die Uhrenzeit anzeigt. Im Grunde ein allseits bekanntes Phänomen. Bei Tätigkeiten, die ich von *innen heraus* mit Freude und Interesse verrichte, vergeht die Zeit wie im Fluge; bei unliebsamen Tätigkeiten quäle ich mich über die Zeit. Wenn ich Zeit erlebe, die mir subjektiv kürzer erscheint als objektiv gemessen, bin ich in dieser Zeit relativ jünger geworden. Mein Elan, mein Wohlbefinden trotz geleisteter Arbeit läßt mich dies erkennen. Wir kennen ähnliche Phänomene im Urlaub oder auch schon in einer Nacht. – Im Schlaf gehen wir nach innen, begeben uns oft und gern in eine zusammengerollte, an Embryonalhaltung erinnernde Lage. Die Bandscheiben quellen über Nacht bekanntlich wieder etwas auf, die Haut strafft sich ein wenig, die Augen sind morgens etwas jugendlicher, glänzender, alles Zeichen einer Verjüngung. Dies alles jedoch im Rahmen eines sich Hingebens, eines sich in den Schlaf-fallen-lassens, also im Kontext einer *Passivität*, dagegen sind wir bei der Feldenkrais Arbeit *aktiv* tätig, zur Tageszeit, dennoch erfahren wir Zeitverkürzung, also eine Verjüngung. Bei normaler Arbeit, bei der wir als Ziel mehr oder weniger Geldverdienst und die bezahlbare Freizeit im Hinterkopf haben, werden wir alt und müde, wirken wir abgearbeitet und urlaubsbedürftig.

Indem wir uns aktiv, zielgerichtet um Selbsterkenntnis, bzw. Bewußtheit bemühen, altern wir nicht so schnell, sondern „jüngern" ein wenig[Anm.] Unser Gewinn ist Selbsterkenntnis. Ganz nebenbei werden wir noch mit einem Sich-besserfühlen und einem langsameren Altern, also einem „Jüngern" belohnt. – Dem Leser wird diese Art der Suche nach einem neuen Arbeitsverständnis spitzfindig und spinnig erscheinen, fern jeder Realität. Das stimmt auch aus rein mentaler Sicht. Ich möchte ja gerade das Mentale überwinden. Es geht mir schließlich darum, etwas wirklich Anderes, Neues zu entdecken, das vielleicht erlösend wirken kann. – In dem ich mich erinnere, den Faden des Lebens nicht nur entwickele, sondern mich auf eine noch davorliegende (Faden) Herstellungsstufe begebe, muß ich den Faden aufdröseln, so daß aus wissenschaftlich – mentaler Sicht der Eindruck einer „Spinnigkeit" entsteht. Das Spinnen der Wollfasern zu einem Faden, macht man bekanntlich mit den Fingerspitzen, und macht dabei eine zwirbelnde, torquierende Dreh-

---

[Anm.] Siehe auch hierzu K. Sperber, Die Maske hinter der Maske

bewegung in konstant eine Richtung, bei gleichzeitig ziehender Bewegung in Richtung der Fa-
denachse. Eine Spitzfingerigkeit (Spitzfindigkeit),
eine besondere Differenziertheit ist bei dieser
feinen Spinnarbeit geradezu unerläßlich. – In diesem Sinne bin ich gern ein Spinner. Mein Vater
nannte mich manchmal in meiner frühen Jugend
sehr treffend „Dröselmeier".

Auf der Suche nach einem feineren, hochwertige-
ren Produkt, das die Geld – Müll – Spirale entlas-
ten könnte und unsere Arbeitssituation verändern
könnte, sind wir über Essenz, Geistigkeit, Fein-
stofflichkeit, Energetisches und dem altindischen
Ojas, zu einem Nebenprodukt gelangt, das wir
Erkenntnis oder Bewußtheit nennen können. Bewußtheit ist unser persönlicher Anteil an dem
großen See des Bewußtseins, das wir dem Unbewußten in Jahrmillionen mühevoll abgerungen
haben. –

Erkenntnis erlangen wir seit Adam´s und Eva´s
Zeiten durch Erleben, Erfahrung und zuletzt auch
noch durch *gerichtetes* Denken. Dabei *richten* wir
unser Leben zunehmend auf Äußerlichkeit und
Materielles. Das direkte oder indirekte Ziel ist das
Geld, mit dem ich mir alle materiellen Wünsche
erfüllen kann. *In dem bisherigen Theaterspiel
des Lebens erhalten wir Erkenntnis nur als Nebenprodukt.* Dabei darf wissenschaftlich erarbei-
tetes Wissen nicht von vornherein mit Erkenntnis

120

verwechselt werden. Erkenntnis ist Bewußtwerdung, Aha – Erlebnis.

Klar, daß für die Meisten ein so totaler Wandel, wie hier angedeutet, undenkbar erscheinen wird, eben undenkbar, das heißt mit mentalen Mitteln nicht zu erfassen, aber wir können den Wandel ahnen, in dem wir uns erinnern, den kommenden Wandel auch schon irgendwie spüren oder bereits ein wenig wahrnehmen. – Unser jetziges Weltbild ist, wie andere vorher, ein hochdifferenziertes, ausgeklügeltes System, das genauso ersetzt werden kann, wie frühere Systeme auch. Sklaverei, Leibeigenschaft, Feudalsysteme und Zunftwesen waren frühere Systeme, die abgelöst worden sind. Unser jetziges System befindet sich schon tief in einer Ablösungsphase. Der in allen Bereichen des Lebens bemerkbare rasche Wandel ist Ausdruck für diese Systemveränderung. Wenn wir lernen, ihre Tendenz zu erkennen, werden wir nicht ausschließlich Spielball eines übermächtigen Geschehens.

Je mutiger, je vollständiger ich mich dem *Neuen Werden* anvertraue, um so klarer spüre ich den evolutionären Prozeß. Erst die Einbeziehung von körperlicher Wahrnehmung *und* Blick von oben, aus höherer Erkenntnis bewirkt die befreiende Klarheit, sonst sind wir nur Spielball.

<<Wir sitzen allein in einem winzigen Paddelboot im großen Golfstrom in einer sternenlosen Nacht. Wir werden mit großer Geschwindigkeit über den Atlantik transportiert und nehmen dennoch keinerlei Bewegung wahr. Schön, daß wir vorankommen, doch besser, wenn wir verstehen können, was mit uns geschieht>>.

7. Kapitel

Die neue Währung, die Bereitschaft zur Wahrheit? – Die Tendenz zu Einheit und Liebe? – Wofür steht unserer heutiges Geld wirklich – die Ablösung der bisherigen Geldwirtschaft.

> Noch nie war die Menschheit so fromm wie heute und oh Glück, oh Wunder, es beten alle einen gemeinsamen Gott an, den Götzen Geld

Auf der Suche nach den Qualitäten einer geistig-energetisch orientierten Welt haben wir in den vorherigen Kapiteln erfahren können, daß Arbeit künftig eine völlig andere Grundlage und Tendenz haben kann als in der heutigen Zeit. Arbeit führt („tendenziert") zu Produkten, sie ist rechnerisch ein Produkt, und besteht aus den beiden Faktoren Energie und Zeit (Arbeit = Energie x Zeit) Da wir uns jetzt im formelhaften aufhalten, befinden wir uns bereits in einem *grundlegenden* Betrachtungsbereich. Wollen wir noch tiefgründiger werden, müssen wir die Dimension des fortschrittlichen, wissenschaftlichen Entwickelns verlassen und versuchen, die Thematik noch zusätzlich „aufzudröseln". Ich versuche jetzt eine ganzheitliche, energetisch akzentuierte Wahrnehmungsweise unter Einbeziehung des Wissenschaftlich - Mentalen . *Ich verwende wissen-schaftliche Ansätze gleichwertig mit mythischen und magisch-vitalen Ansätzen bis hin zu archaischen Ahnungen,* um neue energetische Strömungen aufzuspüren, die unserer zukünftigen supramentalen Bewußtseinsstruktur entsprechen könnten. Hierfür gibt es noch keine Sprache. Unsere normale Sprache versagt, wenn wir uns rational über energetische Dinge ausdrücken wollen. Wir können dies im allgemeinen nur indirekt, z.B. mit Versen, Noten oder Farben. Die in dieser Schrift versuchte Aneinanderreihung von Wahrnehmungen und Aspekten aus den verschiedensten Ebenen soll eine energetische Anreicherung bewirken, die dann einen Bewußtseinssprung möglich machen kann, wenn der betreffende Leser dazu bereit sein sollte. Versuchen wir also, noch über die formelhafte, bereits grundlegende Sichtweise der Arbeit hinauszugehen und ein energetisches Gespür, eine energetische Wahrnehmung zu erzielen. $E = m \times c^2$, Energie ist Masse mal Lichtgeschwindigkeit zum Quadrat, es stehen also Energie und Masse in einer direkten Beziehung über eine Konstante, dem Quadrat der Lichtgeschwindigkeit. – Wenn wir von Energie sprechen, sollten wir gleichzeitig an Masse, also an Materie denken, an das Spüren des Gewichts eines Steines, also an quantifizierbare Energie mit seiner Tendenz, sich dem Erdmittelpunkt zu nähern.

Dies ist noch relativ einfach, da wir an das quantifizieren gewöhnt sind und im allgemeinen ganz gut in der Lage sind, Gewicht auf Grund unserer langjährigen Erfahrung einzuschätzen. Wie ist es nun aus ganzheitlicher Sicht mit dem anderen Faktor, aus dem Arbeit besteht, nämlich der Zeit. Auch mit der Zeit gehen wir quantitativ um. Dabei wissen wir schon längst, das Geheimnis der Zeit ist ihre geistige Struktur, also etwas Qualitatives, sie ist qualitativ und immateriell [Anm.] Der qualitative Aspekt der Zeit drängt gerade in den letzten Jahrzehnten immer mehr in den Vordergrund und wird heute schon sehr vielen Menschen bewußter.

Ich versuche eine ganzheitlich, energetische Verknüpfung: Arbeit = Energie x Zeit, Energie ist Materie, Zeit ist Geist, das Produkt aus Materie und Geist ist Arbeit. Indem ich also Materie **und** Geist einsetze, leiste ich Arbeit, *vollbringe* ich eine Leistung. – In einer materialistisch orientierten Welt wie heute steht für mich der materielle Aspekt im Vordergrund, ist mein Streben tendenziell auf Materielles ausgerichtet, mit den bekannten Folgen der Müllproblematik und der Umweltzerstörung und der Problematik der Energie-

---

Anm.
s. Cheiron K. Sperber, Die Maske hinter der Maske

gewinnung. – Indem ich tendenziell bemüht bin, Leistung noch schneller, noch effektiver zu erbringen, d.h. die erforderliche Zeit zu verkürzen, verringere ich den Geistanteil, verringere ich die Qualität, vermehre ich die Quantität, vermehre ich den Müll. Wenn die Qualität in einem harmonischen, balancierten Verhältnis zur Quantität steht oder deutlich überwiegt, erkennen wir einen hohen Wert und stellen das Produkt in ein Museum oder zur Schau, wie z.B. bei Marmor - Skulpturen, alten kunstvoll verzierten Möbelstücken usw. In der Einheit aus Material und Aussage, aus Form und Inhalt und der Balance aus Qualität und Quantität ahnen wir Einheit, Harmonie und Balance des Meisters. Indem wir ein Produkt wertschätzen, nehmen wir bewußt oder unbewußt einen Bezug zu dem meisterlichen Produzenten auf. *Das vollendete Kunstwerk ist die Stimme des Meisters. Unsere Ahnung seines nahezu vollendeten Wesens offenbart sich in der Stumme, in unserem stummen Staunen.*

Wir erkennen eine direkte Beziehung unseres Werteverfalls und unseres Suchens nach neuen Werten in dem Zuviel an Quantität, Zuviel an Materie und letztendlich auch Zuviel an Wissenschaft im herkömmlichen Sinne. - Durch unsere Hinwendung zum Materiellen haben wir den immateriellen Aspekt, von uns allen kaum bemerkt, immer mehr aus den Augen verloren. Die hier beschriebene neue Wahrnehmungsweise der Arbeit betont gerade diesen vernachlässigten Teil der Arbeit, sie macht eine Kehrtwende in der Betrachtungsweise, sie macht ein *Umdenken* erforderlich. Es ist diese neue Verhaltensweise, die ich für das neue Paradigma brauche, Jesus hat sie schon vor ca. 2000 Jahren den Menschen empfohlen, er sagte >>metanoete<<, Martin Luther hat dieses Christus – Wort mit „tut Buße" übersetzt. Spätestens jetzt, am Ende einer Epoche, wo das mentale Denken sein Optimum bereits lange überschritten hat, ist Umdenken erforderlich. – Indem wir in Zukunft die Akzentuierung auf den qualitativen Aspekt der Produkte statt auf den quantitativen richten, sind wir in der Lage, diesen Anteil stärker ausfindig zu machen, ihn mehr zu erforschen, ihn zu betonen, ihn nach und nach wirklich wahrzunehmen, ihn konkret werden zu lassen.

In den vorangehenden Kapiteln haben wir mehrfach versucht, den qualitativen Aspekt bei dem Ergebnis unserer Arbeit, den Produkten, ausfindig zu machen, uns ihm zu nähern. Wir haben uns Begriffen wie Quintessenz, Ojas oder Bewußtheit genähert. Ich habe gezeigt, daß diese qualitativen Aspekte durchaus in allen Bereichen des täglichen Lebens anwesend sind, wenn auch nicht bewußt, daß sie aber bereits in der Umgangssprache und indirekt in der Betonung bestimmter körperlicher Aspekte in die Bewußtheit drängen. Dennoch ist Geldverdienen, um materielle Güter zu erwerben, heute immer noch weltweit höchster Zweck unserer Arbeit. Nach wie vor dreht sich alles ums Geld.

Fragen wir uns, was aus dem Geld wird, wenn Arbeit eine formale und inhaltlich grundsätzliche Veränderung erfährt. Bisher war es so, daß ich gearbeitet habe, um Geld zu verdienen und damit konnte ich mir materielle Güter jeglicher Art und Äquivalente zulegen. Mein hinter dem Geld herjagen, mein Drängen nach materiellen Gütern hat mich mehr oder weniger durch das Leben gepeitscht. Ich konnte dabei Erfahrungen sammeln und habe dadurch einen gewissen Grad an Bewußtheit erringen können. Was ändert sich, wenn ich mein Streben und Trachten nicht mehr primär auf den Erwerb materieller Güter und auf das Mittel zum Zweck, den Erwerb von Geld richte, also umdenke. Müßte sich da nicht ein völlig neuer Lebensweg ergeben, ein eventuell sinnvollerer Weg, ein eventuell „wertvollerer" Weg? Was ändert sich, wenn ich mich mehr *direkt* um Bewußtheit bemühe und nicht erst den Umweg über Geld und Vermögen?

Versuchen wir zunächst, dem Geheimnis des Geldes auf die Spur zu kommen. Wofür steht

Geld ganz in der Tiefe, in einer auf Oberflächlichkeit und Äußerlichkeit orientierten Welt?

Ich wage die prophetische Aussage, daß in naher
Zukunft der Erwerb von Geld und die Produktion
gewaltiger Gütermengen, die zu Müll werden,
eine zunehmend untergeordnete Rolle spielen
wird, und das der direkte Erwerb von Bewußtheit,
einem Fließgleichgewicht entsprechen, immer
stärker zunehmen wird. Untersuchen wir, ob diese prophetische Aussage vielleicht schon einen
heute bereits faßbaren Realitätsbezug hat.

Geld ist heute schon eine fast abstrakte, also
schon fast nicht wirkliche, nicht mehr reale Wert-
zuweisung, obwohl wir heute dem Gelde nach
wie vor höchste Wirklichkeit zumessen. – Wie
die Menschheit zu dem Geld gekommen ist, können wir leicht nachvollziehen, der Entwicklungs-
weg ist bekannt. Das Aufkommen der Zivilisation
führte zu unterschiedlichen Fähigkeiten und Ar-
beitsteilung. Es entstand der Wunsch nach Tausch
von Gütern. In der Anfangszeit wurden die Güter
direkt gegeneinander getauscht, z.B. ein Schaf
gegen ein Steinbeil. Damit war der Handelsspiel-
raum sehr begrenzt, jeder konnte bei einem Geschäftspartner nur das tauschen, was er wirklich
von ihm brauchte. Mit der Einführung von Edel-
metallmünzen aus Gold, Silber und Kupfer als
Währung (von wahr, Wahrheit) wurde der Handel

viel flexibler, z.B. konnten verderbliche Produkte wie Tiere oder Öl als unverderblicher Gegenwert in Gold gehortet werden. Damit wurde zu einer beliebigen Ware eine artfremde Bemessungsgrundlage eingeführt, allerdings zunächst noch auf der Basis eines Edelmetalls, also einer Substanz, die von sich aus besonders hochwertig war und ganz besondere Eigenschaften besaß: Wenig verfügbar, unveränderlich und fein zu bearbeiten (Wie die Wahrheit!). Aus dem Gold wurden Goldmünzen und schließlich Geldscheine (Scheingold – Goldschein), bekanntlich eine „Erfindung des Teufels". Zunächst war die Währung noch an die Goldreserven der Zentralbanken gekoppelt. Heute errechnet sich die Kaufkraft einer Währung aus dem Bruttosozialprodukt eines Staates und nicht mehr aus den Goldreserven. Das Bruttosozialprodukt ist im Vergleich zu dem Haufen Gold bereits schon eine ziemlich abstrakte, wenig dingliche Größe. – Nach der Verwendung des schon ziemlich wertlosen Papiergeldes kommt es über den bargeldlosen Zahlungsverkehr zu einer unpersönlichen Übertragung von Ziffern.

Nach dieser Betrachtung zu der Entwicklung des Geldes vergleichen wir nun auch den Handel unserer Vorfahren mit dem Handel unserer heutigen Zeit: Der eine prüft das Pferd, das er eintauschen will, reitet es, schaut ins Maul, prüft das Fell. Der andere kostet das Öl, riecht es, hält es gegen das Licht usw. Beide prüfen mit all ihren Sinnen die Tauschobjekte und stehen sich gleichzeitig direkt gegenüber, sind also in Blickkontakt. Sie prüfen das Tauschobjekt und sie prüfen den Tauschpartner, ein hochkomplexes Geschehen. Der Entscheidungsprozeß und das Ergebnis sind weit entfernt von unserer augenblicklichen wissenschaftlichen Beurteilungsfähigkeit. Heute kaufen wir die Ware, wie z.B. unsere Nahrungsmittel in undurchsichtiger, luftdichter (geruchssicherer) Verpackung in einem Supermarkt und bezahlen bei einer am Gewinn unbeteiligten Kassiererin mit einer Scheckkarte. Die Kassiererin kann uns freundlich lächelnd bei der Tauschaktion in die Augen sehen, sie fühlt sich nicht verantwortlich. Obendrein bekommt sie auch keinen realen Gegenwert in die Hand, sondern nur noch den Zugriff auf eine Kontonummer. Der Käufer kann häufig weder sehen noch riechen, was er erwirbt, noch dem eigentlichen Verkäufer und Produzenten in die Augen blicken. Wir sind selbst nicht mehr in der Lage, Wert und Gegenwert bei unserem Tauschgeschäft einzuschätzen. Wir können nur auf die staatlichen Gesetze hoffen. Wir müssen uns fragen, ob wir bei der Akzeptanz dieser Art von Handel grundsätzlich *>>angeschissen werden<<*, es als ungenannte Spielregel generell stillschweigend akzeptieren. In dieser Frage sind zwei Begriffe besonders bemerkenswert. Erstens das Angeschissenwerden, zweitens der Begriff Spielregel. Wir werden in unserem Leben als Menschen nie wirklich angeschissen sondern scheißen uns nur selbst als kleine Kinder in die Hose und spielen tun Kinder, spielen ist ein kindlicher Prozeß, ein so tun als ob, eine kindliche Vorbereitung auf das erwachsene Leben. Wir müssen uns fragen, wenn wir die Spielregeln des Angeschissenwerdens allgemein akzeptieren, ob wir damit wirklich als erwachsene Menschen agieren oder nur als Kleinkinder?

Fassen wir zusammen: Geld ist ältester Vermittler eines Tauschgeschäftes, ein *Medium,* daß immer weniger konkret, immer weniger dinglich, immer unbegreifbarer wird. In unserer abendländischen Gesellschaft, inzwischen wohl auch weltweit, wenn auch oft noch verleugnet oder unausgesprochen, stellt Geld den höchsten Wert dar. – Der höchste Wert früherer Jahrhunderte war Gott und zeigte sich in den Kirchen als den herausragenden Zentren der Städte und Dörfer. Heute ist die „Kirche nicht mehr im Dorf", aber sie findet sich noch in den Städten. Es sind die prunkvollen Gebäude der Banken und Versicherungen, die die Rolle der Kirche übernommen haben, in denen die großen Geldsummen verwaltet werden.

Wir kennen die Darstellungen von Hingabe und Wonne aus vielen Filmen, in denen Menschen einem offenen Koffer mit einer Million Dollar gegenüberstehen und dabei andächtig in die Knie gehen wie vor einem Altar. Die Kirchen werden seit Jahrzehnten leerer, die Anbetung des neuen Gottes wird immer intensiver. *Noch nie war die Menschheit so fromm wie heute und oh Glück, oh Wunder, es beten alle einen gemeinsamen Gott an.* Dies ist eine hoffnungsvolle Entwicklung, bedenkt man, wie viele Menschen in vergangenen Jahrhunderten wegen unterschiedlichen Glaubens dahingemetzelt wurden. Versuchen wir jetzt, uns dem Zusammenhang von Gott und Geld weiter zu nähern

Um die Tendenz einer *Entwicklung* wahrzunehmen und besser verstehen zu können, ist es bekanntlich oft hilfreich, den Beginn der *Verwicklung* aufzusuchen und den Faden der Geschichte zusätzlich noch ein wenig aufzudröseln, d.h. wie schon erwähnt, noch etwas über unser „entwickelndes" mentales Bewußtsein hinauszugehen.

Gehen wir zurück in eine Zeit, in der unsere heutige Bewußtseinsform, das mentale, richtungsgebende Denken entstanden ist. In eine Zeit vor ca. drei- bis viertausend Jahren, die durch den Auszug des Volkes Israel aus Ägypten und ihres Zuges durch die Wüste beschrieben wird. Heute ziehen wir als Menschheit zwar äußerlich nicht durch eine *Wüste*, uns geht es materiell, zumindest als Abendländer, überwiegend gut, dafür *verwüsten* wir aber unsere Mutter Erde. Vielleicht gibt es bei dieser Gegenüberstellung viel konkretere Zusammenhänge, als wir es bei oberflächlicher Betrachtung wahrhaben wollen. – Die Kraft des jüdischen Volkes, sich aus der ägyptischen Knechtschaft zu befreien, entstand aus der Hinwendung an eine eigene, ganz andere Gottheit, die nicht götzenhaft anfaßbar war wie die ägyptischen Götter, sondern für die Juden im Rahmen ihrer zehn Gebote nur in ihrer Vorstellung, in ihren Gedanken, genau genommen in ihrer *inneren Wahrnehmung* existieren durfte. Man könnte auch sagen, der weise Prophet Moses hatte ihnen genau das der Zeit angemessene richtige *Richtende* vorgegeben, um mentales Denken lernen zu können. Die *Abwendung* vom dinglich, materiellen Götzendienst zum mystisch, immateriellen Gottglauben. Im Grunde nichts Anderes als eine neue Glaubensform, um die in der damaligen Zeit anstehende Bewußtseinsreform zu bewältigen, nämlich sich anders zu verhalten, entsprechend unserer heutigen Notwendigkeit, anders denken zu lernen. – Wie schwer diese Verhaltensänderung damals war, zeigte der Rückfall in die alten Verhaltensstrukturen mit der Anbetung des goldenen Kalbes in der Wüste.

Heute, am Ende unserer mentalen Bewusstseinsstufe, haben wir eine ähnliche Situation, und auch
wieder ganz anders. – Einerseits beten wir nach
wie vor ein Götzensymbol an, das Gold in Form
von Geld. Dennoch haben wir als Menschen in
den letzten drei- bis viertausend Jahren fleißig an
uns gearbeitet, wir sind schon in der Lage, auf
eine direkte Verdinglichung unseres höchsten
Wertes, unseres Gottes zu verzichten. Wir brauchen kein goldenes Kalb mehr, uns genügt heute
ein Symbol, eine Abstraktion. Ein siebenstelliger
Betrag vor dem Komma oder auch schon weniger
bewirkt bei den meisten Andacht und Seelenfrie-
den. - Wir beten einen einzigen Gott an (erstes
Gebot) und verzichten im bargeldlosen Zahlungsverkehr bereits schon auf ein Bildnis, wie noch
auf Münzen und Scheinen (zweites Gebot) und
dennoch, wir sind immernoch Götzendiener, wir
beten nach wie vor, wenn auch indirekt, das Materielle, Quantitative an, auch wenn wir es durch
Abstraktion fast *qualitativ, immateriell* machen.
Anders ausgedrückt, in dem wir uns dem Geld
zuwenden, also unserem Gott und höchsten Wert,
bewerten wir etwas Quantitatives als bereits qualitativ, Unsere Gottheit ist damit schon fast immateriell, der Sprung vom Götzendienst zur geistig –
immateriellen Gottheit gar nicht mehr so groß.
Wir vertauschen also ein grundlegendes Prinzip.
Im Umgang mit der Zeit machen wir genau das

Umgekehrte. Zeit ist etwas Qualitatives. Wir quantifizieren sie, d.h. wir messen sie in Zeiteinheiten und wundern uns, wenn wir dabei krank werden, z.B. unter Streß leiden usw. Haben wir den Mut, die Probleme unserer Zeit wirklich beim Namen zu nennen, so haben wir mit den hier gemachten Aussagen die eigentlichen Leichen unserer augenblicklichen menschheitlichen Entwicklung aus dem Keller gegraben, die Folgen unseres wissenschaftlichen Denkens; einerseits die Quantifizierung von etwas Qualitativ-Geistigem, nämlich der Zeit und zweitens die sich daraus ergebende Notwendigkeit einer Art von Qualifizierung des Quantitativ-Materiellen, speziell des Goldes. – Die Vertauschung von Grundprinzipien ist die Urmutter der Lüge, die Verwechslung von Schein und wirklicher Wirklichkeit. Mit dem Bildschirm und den neuen virtuellen Möglichkeiten werden wir als Menschheit wahrscheinlich noch eine Weile Lehrgeld bezahlen müssen.

Verlieren wir das Erkennen unserer zukünftigen Arbeit nicht aus dem Auge. Unsere bisherige Ausrichtung, die Tendenz unseres Handelns, war die Produktion von Gütern mit einer Überbewertung des Materiellen und der bekannten Tendenz zu Müll und Umweltzerstörung. Wir haben nun in den vorangehenden Kapiteln die Möglichkeit einer Umkehrung unserer bisherigen Richtung angesteuert. Das neue Ziel des menschlichen Produzierens muß mehr geistiger Natur sein, sonst gehen wir unter. Im Arsch sind wir bereits. Es bedarf einer Kehrtwende, einer Umkehrung, einer verstärkten Ausrichtung auf die geistigen Anteile. Bei der Auseinandersetzung mit den beiden Faktoren Materie und Geist und durch die verstärkte Hinwendung zu dem Geistigen rückt eine neues Produkt in den Vordergrund, es ist Bewußtheit. Indem wir individuell unsere persönliche Bewußtheit vergrößern, vermehren wir kollektiv das menschliche Bewußtsein. Inwieweit wir durch diesen menschlichen Schritt erst wirklich beginnen, ganzer, d.h. erwachsener Mensch zu sein, uns zu unserer vollen menschlichen Größe und Vollkommenheit aufzurichten, vom Vierbeiner zum Zweibeiner, wird Gegenstand der Betrachtungen der folgenden Kapitel sein, insbesondere inwieweit diese Entwicklung bereits schon seit Millionen Jahren in uns angelegt ist. – Die Wahrnehmung der herausragenden Bedeutung von Bewußtheit ist durchaus nichts Neues. Die Bibel, das Buch der Bücher, berichtet in ihrem Anfangsteil (Genesis) darüber. Im Grunde befassen sich die ersten Sätze der Bibel ausschließlich mit dem Geheimnis Bewußtheit (Erkenntnis) und seiner alles überragenden Bedeutung für das Leben und das Menschsein an sich. Der Wunsch nach Bewußtheit führt zur Vertreibung aus dem

Paradies, zur Spaltung des Menschen, zu Krankheiten und Süchten und der ewigen Sehnsucht
nach erneuter Heilung.

8. Kapitel

Sich torquieren, Gelinkigkeit, Abmerksamkeit und sich unterwinden. – Die Notwendigkeit neuer Fähigkeiten für den bewußten Umgang mit der unteren Körperhälfte. – Unsere Beine als Ersatz für unseren verlorenen Tierschwanz.

> Sich „unterwinden" und sich hinabrichten ist menschliche Entwicklungsnotwendigkeit wie Aufrichten und Überwinden. Ohne diesen Ausgleich gegenüber dem oberen Geschehen ist insgesamt keine stabile menschliche Haltung, keine stabile Balance, kein dauerhafter Quantensprung auf ein erhöhtes Energieniveau, kein stabiles menschliches Bewußtseinsniveau, keine echte menschliche Erwachsenheit möglich.

In den folgenden Kapiteln will ich anhand unserer seit Jahrtausenden bestehenden körperlichen Gegebenheiten nachweisen, daß die heutigen zivilisatorischen Probleme, unsere jetzigen kulturellen Nöte und Zwänge bis hin zu der Suche nach einer neuen Sinnfindung und Veränderung unseres Wertesystems, schon immer in uns Menschen angelegt waren.

Unsere heutigen großen Probleme sind nicht Ausdruck einer fehlgelaufenen Zivilisation, sondern seit Anbeginn der Schöpfung, zumindest seit der Entstehung des Menschen uns vorgegeben.-

Die zuletzt entstandene und am höchsten entwickelte Tierart sind die Säugetiere. Von diesen unterscheidet sich der Mensch als letzte Entwicklungsstufe besonders durch seine Zweibeinigkeit, also seiner Aufrichtung vom Vierbeiner zum Zweibeiner. – Bei oberflächlicher Betrachtungsweise dominieren die größere Freiheit und Beweglichkeit von Oberkörper, Armen und Kopf. Diese menschliche Besonderheit wurde bei den Gelehrten der verschiedenen Epochen einer bevorzugten Betrachtung und Würdigung unterzogen. – Ich erwähne hier nur die Entwicklung des überragenden menschlichen Gehirns mit seiner Abstraktionsfähigkeit, die Geschicklichkeit der menschlichen Hände mit der Opponierbarkeit des Daumens, ihre Fähigkeit, Waffen und Geräte herzustellen und sie zu benutzen, bis hin zu der Entwicklung von Zivilisation und Kultur oder seine hochentwickelte Sprachfähigkeit.

Dies alles sind Eigenschaften, die in enger Verbindung zu der Aufrichtung vom Vierbeiner zum Zweibeiner stehen. Immer sind es diese hochwertigen, spezifisch menschlichen Eigenschaften und die dazu gehörigen körperlichen Gegebenheiten, die verständlicherweise im Laufe der Jahrtausende die Gelehrten und Wissenschaftler zu Betrachtungen angeregt haben. Dagegen wurde die untere Körperhälfte, unser Fundament, vergleichsweise stiefmütterlich behandelt, obwohl eigentlich klar sein mußte, daß die hochwertige obere Entwicklung nicht ohne eine besondere Entsprechung im unteren Bereich möglich sein kann. – Wir vergleichen uns Menschen gern mit einem Baum:. Ohne kräftiges und gesundes Wurzelwerk ist keine prächtige Krone möglich.

Der Mangel an Aufmerksamkeit für die Besonderheiten des menschlichen Unterkörpers hat viele Gründe, die sich allein schon auf die menschliche Aufrichtung als solche beziehen. – Wenn wir uns klar machen, daß die letzten drei Jahrtausende menschlicher Kultur durch die Entwicklung seiner Stirn und seiner Denkfähigkeit (mentales Denken) und der damit verbundenen Bevorzugung der Augen als Wahrnehmungsorgan charakterisiert werden können, wird vieles verständlich. Die menschliche Tendenz scheint grundsätzlich durch seine Aufrichtung mehr nach oben als nach unten zu gehen. Die *Aufmerksamkeit* der Wissenschaftler mit ihrer augengesteuerten mentalen Denkweise richtete sich zwangsläufig nach oben. Eine *Abmerksamkeit* war weniger zeitgemäß. Die prinzipielle Entwicklung des Menschen vom tierhaften zum kulturellen Wesen bedingte entsprechend eine Tendenz zum Kopf hin. Die christlichen Religionen mit ihrer Lustfeindlichkeit sind darüber hinaus noch ein weiterer bedeutungsvoller Faktor für diese Tendenz.

Ich beginne zunächst mit der Betrachtung unserer oberen Körperhälfte und einem Vergleich zwischen den körperlichen Strukturen und der menschlichen Entwicklung im Allgemeinen: – Als Kleinkind ist der Mensch noch Vierbeiner, sein Erwachsenwerden, sein sich Entfalten zu einer Persönlichkeit spiegelt sich in seiner Aufrichtung wieder. Dabei ist erkennbar, daß die Körperhaltung, die wir als normal empfinden, nämlich den stehenden Menschen mit hängenden Armen, nicht unbedingt dem Vollbild menschlichen Seins entspricht. – Bedenken wir, welche Anstrengungen von einem großen Teil der Menschheit unternommen werden, um einmal sich in *Siegerpose* seinen Mitmenschen präsentieren zu können; z.B. im Sport auf dem Siegertreppchen mit einem Pokal in den hochgereckten Armen oder mit einem Blumenstrauß in einem Theater oder einer sonstigen Massenveranstaltung. Die Siegerpose mit den beiden hocherhobenen Armen (ich meine nicht das V – Victory Zeichen) halte ich für den stärksten körperlichen Ausdruck menschlicher Erwachsenheit. Wir kennen die Pose auch aus religiösen Riten, in denen z.B. die Sonne angebetet wird. Sehe ich mir Darstellungen von Engeln an, so empfinde ich die steilaufragenden Flügel wie aufgerichtete Arme.

142

Eine heilige Person erzeugt auf Grund ihrer Ausstrahlung eine ähnliche Wirkung in der oberen Körperhälfte, auch wenn sie entspannt ihre Arme herunterhängen lassen kann. Der Sieg ist für sie wohl nicht mehr vorübergehende Pose, sondern anhaltende und verinnerlichte Selbstverständlichkeit.

Das Aufrichten, das sich zum Himmel ausrichten des Menschen ist ein komplexer Bewegungsvorgang, der spiralförmig verläuft. Bewegungsstudien bei Raubtieren und naturhaften Kindern zeigen, daß das Hochkommen aus liegender oder sitzender Position in einer Drehbewegung erfolgt und mehr einem sich Hochschrauben entspricht. – Machen wir uns klar, welche Mühen es kostet, um sich auf einem speziellen Gebiet zum Star und Sieger zu entwickeln, kommen wir schnell zu dem Begriff des sich *Überwindenmüssens*. Ein Hochleistungssportler oder ein Star im Showgeschäft muß über sehr lange Zeit seinen inneren Schweinehund überwinden, er muß tagtäglich intensiv üben, um irgendwann einmal Sieger sein zu können – er muß sich also körperlich und innerlich überwinden.

Soll das sich Überwundenhaben nicht nur ein kurzes Gipfelerlebnis, sondern ein dauerhafter Zustand sein, muß das sich Überwinden zu einem dauerhaften Ausdruck der Persönlichkeit werden.

– Unsere Wirbelsäule erhält Aufrichtung und Festigkeit durch unsere Muskelspannung. Bei Bewußtlosigkeit sacken wir bekanntlich schnell zusammen wie eine hängende Kette, die wir loslassen. Wir können unsere Körperachse und Wirbelsäule auch mit einem Seil vergleichen. Wollen wir uns besonders lang machen und eine größere Stabilität bekommen, vollziehen wir eine Drehbewegung, eine Torquierung wie bei der Herstellung eines Seiles. Torquieren entsteht aus dem Drehen um die eigene Achse. Dies ist die ursprünglichste aller Bewegungen. Wir finden sie im Spin des Atomkerns und im Spin der Elektronen genauso wie in der Drehbewegung der Planeten oder der Spiralnebel.

Ähnlich wie bei der bevorzugten Untersuchung der oberen Körperhälfte des Menschen interessierte in der kulturellen Entwicklung fast nur die Rechtsdrehung oder die Drehung im Uhrzeigersinn. Dies ist menschlich verständlich, denn Rechtsdrehung bedeutet Drehung zu unserer rechten männlichen Seite hin. Dies ist gleichbedeutend mit unserer Hinwendung zu Kultur und Zivilisation, *rechts*staatlicher Ordnung, letztendlich zu Erkenntnis und Hinwendung zum erwachsenen Menschen.

An der menschlichen Bestimmung des sich Aufrichtens, um irgendwann vielleicht einmal erwachsen zu werden mit allen Konsequenzen, die sich bereits schon aus der bloßen Körperhaltung ergeben, dürfte wohl kein Zweifel bestehen.. – Wenn aber nun diese nach oben gerichtete Tendenz gottgewollt ist, was passiert mit unserem Wurzelwerk? – Welche Tendenzen, welche Veränderungen sind für den Baummensch notwendig, um eine große erwachsene Krone tragen zu können? – Wir reden soviel von *Gerechtigkeit,* wer redet schon mal von *Gelinkigkeit* – der Mensch muß sich *überwinden*, ja >>We shall overcome one day<<. Wer aber spricht von der Notwendigkeit sich zu *unterwinden*! – Im Grunde ist es klar, wollen wir uns aufrichten, wollen wir unsere Körperachse, unsere Senkrechte verlängern, brauchen wir als Menschen eine verbesserte Stabilität. Ich meine, in unserer Jugend, in den schlanken, hoch aufgeschossenen Jungen und Mädchen diese Voraussetzung, die gewendete Not, bereits schon erkennen zu können. Ebenfalls die notwendige Wendigkeit, die sich in der Fähigkeit zu kunstvollen Sprüngen z.B. mit Skateboard oder Surfbrett zeigt.

Diese Stabilität, um das Neue für die Welt von morgen durch*stehen* zu können, *entsteht* aus der Torquierung. Diese Torquierung beinhaltet nicht nur Überwindung und Rechtsdrehung, sondern gleichzeitig Linksdrehung und *Unterwindung.* Sie erfolgt aus der Körpermitte heraus. – Wir werden in den folgenden Kapiteln die Konsequenzen in körperlicher und geistiger Hinsicht erörtern, die sich aus dieser Grundannahme ergeben.

Der Mensch dreht nach rechts und oben, in Richtung Zivilisation. Seine Gehirnfähigkeit soll bisher bei weitem nicht ausgeschöpft sein. Die großen Veränderungen der letzten Jahrhunderte entspringen ohne jeden Zweifel dieser geistigen Fähigkeit, die anstehende große menschliche Veränderung spielt sich nach Meinung vieler Wissenschaftler in erster Linie auf der Ebene unseres Gehirns ab. – Tätigkeiten, zu denen wir in früheren Jahrhunderten grobe Muskelkraft und unsere Beine gebrauchten, werden immer seltener. Wir bewegen uns mit Fahrzeugen. Maschinen übernehmen schwere körperliche Arbeit. Die Arbeit am Computer, sitzend, mit Fingerspitzen auf der Tastatur oder der Maus, ist anstrengend für Augen und Gehirn. Das Gehirn hat keine Schmerzsensoren, daher merken wir allenfalls eine Ermüdung.

Und dennoch, ohne gutes Fundament keine Zukunft. Ohne gutes Wurzelwerk, ohne gesunde Beine und Füße, ohne lebendigen Unterkörper dürfte auf längere Sicht *„für den Menschen kein Fortkommen sein"*. – Und damit sind wir wieder bei Unterkörper und Fahrwerk – Gesäß.

Versuchen wir einen tieferen Bezug, ein tieferes Verständnis für unser Fahrwerk zu bekommen, indem wir an unsere Ursprünge zurückgehen. Dabei ist es sinnvoll, nicht gleich zu den Einzellern hinabzusteigen, sondern bei den näheren Verwandten, also Wirbeltieren, z.B. Fischen und Reptilien anzufangen. – Ein Fisch scheint im wesentlichen aus Kopf und Schwanz zu bestehen, der Schwanz beginnt quasi hinter den Kiemen. Brustkorb und Unterkörper stellen sich äußerlich kaum dar. Mit uns Menschen verglichen würde dies bedeuten, daß wir nur aus unserem Kopf bestehen und unserem rudimentären Steißbein, entsprechend der neuen menschlichen Gattung Computerfreak. – Beim Fisch allerdings besteht der Schwanz aus einer großen durchlaufenden Muskelmasse, die es dem Fisch ermöglicht, sich in dem dichten Medium Wasser mit enormer Geschwindigkeit zu bewegen. Der Mensch besitzt an Stelle des Schwanzes nur vier zusammengewachsene und zurückgebildete Wirbel. Bei diesem Vergleich kommt es nur darauf an, die animalische Urkraft eines Fisches im Vergleich zu dem Zivilisationswesen Mensch wahrzunehmen.

Ein Krokodil, selbst mit einem mächtigen Ruderschwanz ausgerüstet, symbolisiert bereits deutlich weniger Urkraft und Urtrieb. Wir können sagen, daß beim Menschen die ursprüngliche Ur- und Triebkraft quasi vergeistigt ist, der direkte mate-

147

rielle Bezug zur Urkraft ist ihm verloren gegangen. Betrachten wir dagegen den Kopfbereich, hier haben wir eine gegenteilige Entwicklung zum Urtier, eine Zunahme an Materialisation in Form unseres großen Gehirns.

Ich habe bereits auf die Vernachlässigung der unteren Körperhälfte des Menschen bei vergleichenden Untersuchungen von Mensch und Tier hingewiesen. Sie bedarf einer neuen, ganzheitlichen, das Archaische miteinbeziehenden Betrachtung: Der Schwanz des Fisches oder des Säugetieres ist eine Verlängerung seiner horizontalen Körperachse. Beim Menschen wird diese Horizontale durch seine Aufrichtung zur Senkrechten. Sein ursprünglicher Schwanz verstümmelt zwar, die Hinterbeine erhalten dagegen eine bedeutungsvolle Aufwertung. Sie sind einerseits Beine wie bei den Säugetieren, andererseits kommt es wie am Oberkörper des Menschen nach der Aufrichtung zu einer neuen Aufgabe. Ihr Winkel zu der Körperachse verändert sich. Die Beine orientieren sich in Richtung der Körperachse, parallel zu dem ursprünglichen Schwanz. – Aus dieser Sicht haben wir einen Doppelschwanz bekommen, in Form unserer beiden Beine. Diese Änderung ist aus zwei Gründen höchst bedeutungsvoll:

1. Die menschliche Fähigkeit zur Erkenntnis hängt in besonderem Maße von der Teilung sei-

148

nes Großhirns in zwei Hälften ab, mit denen er in der Lage ist, unterschiedliche Informationen getrennt wahr zu nehmen. Wenn es über den großen Balken, dem Corpus Callosum, im Gehirn zu einer Vereinigung dieser getrennt aufgenommenen Informationen kommt, entsteht Erkenntnis, entsteht bewußte Wahrnehmung, entsteht ein neues vollständigeres Bild der Ganzheit. Die Spaltung des menschlichen Gehirns in Form seiner Großhirnhemisphären ist *tiefster Ausdruck* seines biblischen verflucht Seins und seiner Vertreibung aus dem Paradies als naive Menschen. – Die enorme Stärke des großen Balkens, des Corpus Calosum, das die beiden Großhirnhälften miteinander verbindet, ist *höchster Ausdruck* menschlicher Hoffnung auf eine Rückkehr in den Garten Eden als erwachsene und bewußte Menschen.

In der unteren Körperhälfte entsteht aus der ursprünglich archaisch ungeteilten Einheit des Schwanzes eine Zweiteilung wie am oberen Ende dieser Längsachse. Damit hat der Mensch die Möglichkeit, archaisch Ursprüngliches und Ungeteiltes spürend aufzunehmen und in Erkenntnis zu verwandeln. Inwieweit hierbei den Nervengeflechten im Darmbereich, unserem Darmgehirn eine besondere Rolle zu kommt, wird sicherlich Gegenstand spannender zukünftiger Untersuchungen sein.

2. Der Mensch richtet nach seiner Aufrichtung seinen Spezialschwanz in Form seiner Beine und seinem Steißbein nicht mehr horizontal d.h. parallel zur Erdoberfläche aus, sondern er richtet ihn auf den *Erdmittelpunkt*. Damit entsteht ein völlig neuer Erdkontakt im Vergleich zu den anderen Säugetieren.

Zu dem allseits bekannten Griff des Menschen nach den Sternen im Zusammenhang mit seiner Aufrichtung, bekommt er gleichzeitig die Fähigkeit, soweit mir bekannt nie entsprechend gewürdigt, *tiefer!* als die Tiere in das Dunkel der Erde hinabzusteigen. – Aus der Notwendigkeit und Fähigkeit sich aufzurichten und sich zu überwinden, entsteht nach dem Grundsatz wie oben so unten die Notwendigkeit und Fähigkeit sich *hinabzurichten* und zu *unterwinden* – Unterwinden und Hinabrichten ist menschliche Entwicklungsnotwendigkeit wie Aufrichten und Überwinden. *Ohne diesen Ausgleich gegenüber dem oberen Geschehen ist insgesamt keine stabile menschliche Haltung, keine stabile Balance, kein dauerhafter Quantensprung auf ein erhöhtes Energieniveau, kein stabiles menschliches Bewußtseinsniveau möglich.* – Die Entwicklung einzelner Menschen zur Bestie Mensch im Zusammenhang mit einer lustfeindlichen christlichen Religion ist Ausdruck einer systematisch verleugneten und verkannten Bedeutung der menschlichen Gegebenheiten im Zusammenhang mit seiner Aufrichtung. - Interessant ist in diesem Zusammenhang die Darstellung von bösen menschlichen Wesen in der Antike, die häufig neben ihren zwei menschlichen Beinen noch einen deutlichen Tierschwanz haben. Böse Aliens in neueren Sience Fiction Filmen werden ebenfalls sehr häufig mit einem Tierschwanz versehen. Verdrängen wir bestimmte Aspekte unseres Lebens ins Unbewußte, weil wir sie, aus welchen Gründen auch immer, nicht ertragen können, kommen sie bekanntlich in Form von Krankheiten im persönlichen Bereich oder Katastrophen im zivilisatorischen Bereich wieder zum Vorschein.

In diesem Kontext sehe ich auch die derzeitige Gesäß – Geld – Macht - Orientierung unserer Zivilisation als eine evolutionäre Notwendigkeit, die auf Überwindung nach dem zuletzt Ausgesagten, besser ausgedrückt auf *Unterwindung und Bewußtwerdung* drängt. Durch unsere menschliche Aufrichtung orientieren wir unsere körperliche Hauptachse, unsere Längsachse nicht horizontal wie die Wirbeltiere, sondern richten sie auf die Dunkelheit der Erdmitte und in die Ferne des Kosmos.

Die Spaltung der Längsachse in Form unserer beiden Beine ermöglicht uns einen bewußten „Zugriff", oder besser ausgedrückt, eine bewußte *Fußung* in die Tiefe unseres Planeten. Vielleicht werden wir eines Tages die Energie des Eisenkernes unseres Planeten als gleichwertigen Lebensspender zu der Energie unserer Sonne ansehen können. Dies könnte das Selbstbewußtsein von Eva möglicherweise entscheidend verbessern und ihren derzeitigen Haß auf Adam abbauen helfen. Eva himmelt vielleicht in naher Zukunft Adam wegen seiner Sonne wieder an und Adam hängt wieder mehr an Eva wegen ihrer Erde. Dies steht bereits, wenn auch in anderen Worten, in der Bibel.

9. Kapitel

Die Aura, das menschliche Energiefeld, unsere persönliche Atmosphäre. Die Notwendigkeit der Integration unseres Energiefeldes in unser tägliches Leben.
Das höhere Energieniveau. – Adelig, das zukünftige menschliche Erwachsensein. – Ohne entsprechende Wurzeltiefe keine ausgewachsene Krone.

Wie können wir Menschen überhaupt erwachsen sein, wenn wir das Substrat unserer Erwachsenheit, unser geistig – feinstoffliches Umfeld als unmittelbare Realität noch gar nicht integriert haben? – Wir müssen lernen, etwas aus bisheriger Sicht total Gegensätzliches als Zusammengehöriges und Einheitliches zu verstehen

Ich habe in dem vorangehenden Kapitel überwiegend die feste, muskulär – knöcherne menschliche Struktur betrachtet und dabei, dem Thema des Buches entsprechend, der unteren Körperhälfte besondere Beachtung gegeben. – Der Schwerpunkt dieses Kapitels liegt in der Betrachtung unserer feinstofflichen Struktur, dem Energiefeld, das uns umgibt, unserer Aura. Es geht um diese uns Menschen bereits direkt faßbare, sichtbare und wahrnehmbare geistige Struktur. – *Die Ein-*

gliederung dieser Struktur in unser normales Menschenbild als echte Realität, als wirkende Wirklichkeit, ist für mich eines der grundlegendsten Themen der jetzigen Zeit überhaupt. – Diese neue Weltsicht bewußt, also ganz hautnah und ganz persönlich mit allen Konsequenzen zu zulassen, bedarf allem Anschein nach eines gewaltigen zivilisatorischen Entwicklungssprunges von bisher nie gekanntem Ausmaß. Um diesen Sprung zu leisten, benötigen wir nicht nur eine entscheidende Weiterentwicklung unseres relativ beweglichen Gehirns und unserer geistigen Potenz, sondern auch unseres trägen Körpers. Damit sind wir wieder bei unserem Unterkörper, bei unserem Gesäß, dem Körperteil, dem die große Muskelmassen für Vorankommen und Sprung angegliedert sind.

`>>Der Geist ist willig, das Fleisch ist schwach<<`

Die Erschließung geistiger Kräfte ist selten das Problem, wie die meisten am eigenen Leibe immer wieder erfahren können. Dagegen ist es seit jeher schwer, die Kräfte des Fleisches, die Gefühle und Emotionen unter Kontrolle zu bringen. - In diesem Kapitel geht es um die *direkte* Darstellung des Sprunges von der bisher materiell orientierten Welt, dem alten Paradigma, in die neue zunehmend geistig orientierte Welt und der zukünftigen ganzheitlichen Wahrnehmung unserer Umwelt; von der an Quantität und Wegwerf – Produkten

154

orientierten Welt, der Welt unseres bisherigen Macht- und Geldverständnisses, zu einer Welt, die sich nach neuen Werten und nach einer neuen Sinnhaftigkeit ausrichtet. Es geht um die primäre Bereitschaft und die Entscheidung, an sich zu arbeiten, um Bewußtheit zu erlangen. Dies ist gleichbedeutend mit dem Willen des Menschen, erwachsen werden zu wollen. Dabei macht uns unser triebhafter Teil, der Unterkörper, die größten Schwierigkeiten.

Seit den wissenschaftlichen Entdeckungen und Formulierungen Albert Einsteins und Max Plancks zu Beginn des Jahrhunderts ist es zu einer rasanten Veränderung unserer wissenschaftlichen Sicht der großen und kleinen Bausteine des Universums gekommen, verbunden mit gewaltigen technischen Anwendungen in allen Lebensbereichen. – Die Erkenntnis, daß im subatomaren Bereich Materielles und Geistiges im Grunde nicht voneinander zu trennen ist und das Licht z.B. sowohl Corpuskel oder Energiequantum als auch Strahlung sein kann, in Abhängigkeit vom menschlichen Standpunkt der Betrachtung, ist auf abgehobener wissenschaftlicher Ebene schon Allgemeingut, im Praktisch - Menschlichen dagegen fast noch tabu. – Die Umsetzung der wissenschaftlichen Erkenntnisse in den letzten 100 Jahren schien auch bei Berücksichtigung vieler

Mühen leicht zu sein im Vergleich zu der Einbeziehung dieser Erkenntnis in unseren persönlichen Alltag. Die Probleme der heutigen Zeit sind für mich gleichbedeutend mit der Schwierigkeit, die Einstein – Max Planck´schen Gesetze in unser direktes persönliches Leben zu integrieren. Direkt heißt in diesem Zusammenhang z.B. die Gefühle und Emotionen betreffend.

Die meisten Menschen werden Erfahrungen haben mit der unterschiedlichen Ausstrahlung ihrer Mitmenschen. Wir kennen sie z.B. in Form von Wärme, Erotik, Überzeugungskraft und Charisma, alles Eigenschaften, die über unsere Körpergrenze, unsere Haut hinausgehen und auf Distanz wirksam sind, uns von einer mehr oder weniger besonderen, von innen irgendwie kommenden Lebendigkeit Auskunft geben. – Wie können wir diese geheimnisvollen Eigenschaften faßbarer machen, dem bisherigen Verständnis unserer Welt näher bringen?

Wir wissen heute, daß wir von einem Energiefeld umgeben sind, unserer Aura. Sie wurde mit größter Wahrscheinlichkeit von den Menschen seit Ewigkeiten wahrgenommen. Es ist zu vermuten, daß Säugetiere wie z.B. Hunde unsere Aura sehr gut erkennen können. Wahrscheinlich können sie damit bereits auf große Entfernung den Gesundheitszustand eines Gegners oder eines Beutetieres erkennen. Die Fähigkeit, die Aura zu sehen und zu beurteilen, haben auch unsere weniger zivilisationsgeschädigten Vorfahren gehabt, wie alte Felszeichnungen in Steinzeithöhlen vermuten lassen. Mit wachsender Zivilisation ging den Menschen diese Fähigkeit verloren, sie brauchten andere Hilfsmittel, um erkennen zu können, was jemand „im Schilde führt".[Anm.] – Wir kennen die Darstellungen des Heiligenscheins bei Christusbildern und Ikonen. Die wahrnehmbare und spürbare Strahlung von hochentwickelten oder heiligen Persönlichkeiten kann für andere Menschen, die mit diesen in Kontakt treten, zu einem großen Erlebnis werden.

Seit über 50 Jahren kann man das Energiefeld mit einer speziellen Technik, der Kirlian – Photographie darstellen. Frauen haben wahrscheinlich immer schon die Strahlung ihrer Mitmenschen besser wahrgenommen als Männer. Schließlich sollen sie erkennen können, mit welchem männlichen Wesen eine Fortpflanzung sinnvoll für die Arterhaltung ist. Indem diese Wahrnehmungsfähigkeit heute weniger verteufelt wird, erfahren wir von immer mehr Menschen, daß sie in der Lage sind, das Energiefeld ihrer Umgebung mehr

---

[Anm.] Aura hier sehr gut als Schutzschild erkennbar, so wie die Atmosphäre ein Schutzschild für die Erde darstellt!

oder weniger gut wahrzunehmen. Es gibt schon seit längerer Zeit workshops in der Psychoszene, in denen das Aurasehen direkt trainiert wird.

Die amerikanische Heilerin Barbara Ann Brennan entwickelt im Zusammenhang mit ihrer hohen Fähigkeit, das menschliche Energiefeld aufzuschlüsseln und zu differenzieren, ein neues, ganzheitliches Bild von Krankheit und Heilung. Wir müssen uns vorstellen, daß unser individuelles, persönliches Energiefeld Ausmaß und Form hat ähnlich einem Kokon, der den Menschen umgibt. In feineren, hochfrequenteren Energiebereichen, die weniger gut erkennbar und abgegrenzt sind, reicht es viel weiter als sichtbar, wie wir mit unserem kinästhetischen Sinn relativ leicht erkennen können. Im weitesten Sinne sind wir schließlich mit allen Menschen verbunden, eine Aussage, die wir schon lange aus dem Umfeld der Weisen und der Liebe kennen.

Ich gehe davon aus, daß Kinder ihre Umwelt ebenfalls mit einer deutlichen Aura wahrnehmen bis sie durch Erziehung, Schule und Universität so gründlich ge- und ver*bild*et sind, daß sie die Welt nur noch wie auf unseren *Bildern* dargestellt wahrnehmen. -

Haben wir die Intention, etwas zu tun, so ist diese zuerst in unserem Energiefeld sichtbar, noch bevor es zu einer körperlichen Handlung kommt. Auch diese Erkenntnis ist im Grunde nur neu in Bezug auf eine bewußte Aurawahrnehmung und Deutung. Bei hochentwickelten Kämpfern erkennen die Gegner die Aktion des Kontrahenten bereits im Ansatz oder noch davor. Hinter dem „noch davor" verbirgt sich die unbewußte Wahrnehmung der Intention im Energiefeld. Antilopen grasen in unmittelbarer Nähe eines Löwenrudels, aber nur solange die Löwen satt sind und noch keine „Jagdintention" haben. – Die Weisen sagten es zu allen Zeiten: der Geist formt die Materie, Gott schuf zunächst Adam, sein geistiges Ebenbild, und dann erst Eva aus einer Rippe Adams oder anders ausgedrückt: erst entsteht die geistige Intention und danach organisiert sich der körperliche Aspekt, z.B. das sprungbereite Tier.

Was hat dies alles nun mit den Einstein – Max Planck'schen Gesetzen zu tun oder gar mit unserem speziellen Thema und unserer unteren Körperhälfte und unserem Zwang, immer mehr Müll zu produzieren? – Sehr viel! Beginnen wir mit der Beziehung zu Einstein – Max Planck. Die Erkenntnis, daß im Feinen, z.B. dem Licht, oder den feinen Kernbauteilen eine Trennung von Energie und Materie, von Welle und Corpuskel nicht mehr nach üblichen wissenschaftlichen Kriterien möglich ist und nur von der Intention, dem

Denkansatz des Betrachters abhängt, läßt sich selbstverständlich und zwingend auf Alles, was aus diesem Kleinen besteht, nämlich Alles, übertragen. – Selbstverständlich auch auf den Menschen. – Auch in diesem Kapitel begegnet sich Materielles, unser Körper und Geistiges, unser Energiefeld. Das Energiefeld durchdringt den Körper total in seiner Wellenform, leicht vorstellbar in der heutigen Zeit. Der Körper im herkömmlichen Sinn endet an der Haut. Verletzungen im Körper sind im Energiefeld sichtbar, ähnlich wie Verletzungen und Krankheiten unseres Körpers in unseren Gesichtern „auf einer höheren Ebene" abgebildet werden und wahrnehmbar sind. Ein Heiler ist ein Mensch, der heiler ist als seine Mitmenschen, weil er einen harmonischeren und meistens auch bewußteren Kontakt zu seinem Energiefeld hat und diese Harmonie als heilende Energie auf einen Kranken heilend übertragen kann. Jede liebende Mutter kann bekanntlich heilen in beschränktem Rahmen, in dem sie z.B. über die Verletzung ihres Kindes mit den Händen streicht oder pustet.

Wir stehen als Menschheit jetzt vor dem Entwicklungsschritt, dieses Äußere, Unsichtbare, das eine ganz andere Qualität hat als unser fester Körper, mit allen Konsequenzen für unserer persönliches und körperlich – soziales Leben in den ganz normalen Alltag einzubeziehen. *Wir müssen lernen, etwas aus bisheriger Sicht total Gegensätzliches als Zusammengehöriges und Einheitliches zu verstehen.* – Die Haut war für uns immer die entscheidende Grenze. Wir haben sie seit der Vertreibung aus dem Paradies mit Kleidung geschützt und nun sollen wir Menschen *eine neue Haut bekommen,* ca. einen Meter von uns entfernt! – Da können wir ja schon gleich in den Himmel gehen, wenn wir einen geistigen Zustand wie als zu uns gehörig akzeptieren sollen! Vielleicht wird das Leben nach Überwindung gewisser Anfangsschwierigkeiten viel „himmlischer", als wir heute anzunehmen wagen. Klar, dieser Gedankensprung, dieses neue Denken ist ungeheuerlich, zumindest für die Bestie Mensch, das Ungeheuer, kaum auszuhalten, etwa so unangenehm wie für den Teufel das Weihwasser. – Dabei leben wir von Anfang an mit diesem Sprung, er ist im Grunde für uns ganz natürlich. Das Leben auf der Erde spielt sich bekanntlich auf einer sehr dünnen Zwiebelschale ab, die ein wenig unter die Erdoberfläche und einwenig darüber reicht. Hohe Berge, schon ab 2000 Meter, waren in früheren Jahrtausenden heilig und wurden von den Menschen nicht bestiegen. Sie waren der Sitz der Götter wie z.B. der Olymp in Griechenland; der Mensch hatte da nichts zu suchen. Manche sehen heute die ganze Erde als lebendiges Wesen, die Oberfläche wäre dann ihre Haut. – Unsere menschliche Haut ist bekanntlich unser gewichtigstes und wahrscheinlich auch unser wichtigstes Körperorgan.

In den letzten Jahrhunderten hat der Mensch sich mehr himmlischen Raum genommen, die Berge erklommen, den Luftbereich mit Radiowellen durchzogen, mit Flugzeugen und Satelliten seinen Lebens- und Nutzungsbereich ausgedehnt. Er hat damit den ursprünglich tabuisierten, geistig-himmlischen Bereich der Götter zu seinem eigenen Lebensraum gemacht. Wenn wir heute das nahe Energiefeld um uns herum anerkennen und integrieren, holen wir im Grunde im Kleinen, Persönlichen nur etwas nach, was wir im Großen längst getan haben. Auch die Erde hat mit ihrer Atmosphäre eine spezielle körpernahe Schale wie der Mensch, die nach außen hin an den Weltraum grenzt, so wie die sichtbare Aura sich in den zwischenmenschlichen Raum hinein verliert, in dem sie durchaus noch erheblich weiter wahrgenommen werden kann. -

Wir haben bisher Analogien im Großen, also von der Haut unserer Erde, der Atmosphäre und im Kleinen, unserer persönlichen Haut mit dem körpernahen Energiefeld gezogen. – Die Gegebenheiten im Großen, der Atmosphäre sind für die meisten gebildeten Menschen unmittelbare Realität; das Energiefeld im reinen menschlichen Bereich ist bisher nur für relativ wenige deutlich sichtbar und Realität. - Die Subjektivität und Relativität im feinstofflichen Bereich, ausgedrückt durch die Einstein – Max Planck'schen Gesetze, ist bisher für einen wissenschaftlich denkenden Menschen noch nicht genügend „körperlich" realitätsnah. Unsere z. Zt. noch favorisierte mentale Lebensbezogenheit verlangt normale Sichtbarkeit. –

Welche Auswirkungen könnte die Integration der neuen Weltsicht in unserem inneren persönlichen Bereich, also in Bezug auf unsere geistig – seelische Entwicklung haben?

Wir haben bereits über die Besonderheit des Menschen im Tierreich im Bezug auf seine Aufrichtung vom Vierbeiner zum Zweibeiner gesprochen, über die Drehung der Körperlängsachse um 90° in die Senkrechte mit der damit verbunden Hinwendung zu den Sternen, zum Kosmisch – Geistigen, zu den höheren kulturellen Fähigkeiten des Menschen. Im Großen, in der Außenwelt war gerade diese Hinwendung in den letzten Jahrzehnten, erkennbar an Massenflugtourismus, Satelliten und Raumfahrt, besonders spektakulär.

Welche Schlüsse in Bezug auf die Gattung Mensch müssen wir ziehen, wenn der Mensch in seinem persönlichen körperlichen Bereich die Integration seiner persönlichen Atmosphäre noch gar nicht angenommen und realisiert hat?

Der Durchschnittsmensch wird von Psychologen, Philosophen und Religionsstiftern wegen seiner Schwächen und Unbeherrschtheit als unerwachsen und kindlich angesehen. Die christlichen Religionen reden von Kindern, von den Menschen als den Kindern Gottes. – Kleine Kinder haben anfangs einen näheren Bezug zu ihrer Mutter als zum Vater. Das mütterliche Prinzip ist an Mutter Erde, unsere Wurzeln, an Natur und Naivität gekoppelt, das väterliche Prinzip an Vater Himmel und Kultur. Menschliche Entwicklung vollzieht sich von kindlicher Tierhaftigkeit zu immer mehr kultureller Erwachsenheit, sowohl im einzelnen Menschen als auch in den Völkern.

Wie können wir Menschen überhaupt erwachsen sein, wenn wir das Substrat unserer Erwachsenheit, unser geistig – feinstoffliches Umfeld als unmittelbare Realität noch gar nicht integriert haben? Ist vielleicht die bewußte Anerkennung und Integration unseres Energiefeldes der entscheidende Schritt für unsere menschliche Entwicklung, für ein menschliches Erwachsen werden, weg von der Bestie Mensch und hin zu Homo humanus? – Vieles spricht dafür!

Der Mensch hat die Fähigkeit, sich selbst zu transzendieren, über sich hinauszuwachsen, sich zu überwinden. In materiell – körperlicher Hinsicht bedeutet dies eine körperliche Balance mit dem Oberkörper in der luftig - geistigen Welt. Und im übertragenden Sinn? – Bewußte Integration dieses mehr geistigen Raumes im Vergleich zu Fleisch und Erde. – Zur bewußten Integration unserer Aura müssen wir einen Energiesprung, einen Quantensprung vollziehen.

Unser Körper geht nicht fließend in das Energiefeld über, an der Haut ist eine deutliche Grenze, die zwei Hälften unterschiedlicher energetischer Qualität verbindet, es besteht ein Energiesprung. - Wir brauchen für die Wahrnehmung einer umfassenderen Wahrheit und komplexeren Wirklichkeit ein höheres Energieniveau. *Ich sehe in dem selbstgemachten Streß, dem sich die Menschheit in allen zivilisatorischen Bereichen aussetzt, ein unbewußtes antrainieren dieses erhöhten Energieniveaus. -*

Außergewöhnliche Persönlichkeiten mit einer besonderen Ausstrahlung, entsprechend einem höheren Energieniveau, gab es zu allen Zeiten. Aus bruchstückhaften Überlieferungen sehr alter Zeiten wissen wir heute, daß früher die Führungspersönlichkeiten, also die Fürsten und Könige, von Priestern/Priesterinnen in rituellen Handlungen auf ihre Führungsrolle vorbereitet wurden. Das Salben zum König wie in der Bibel erwähnt, ist wahrscheinlich ein Restbestandteil dieses alten kultischen Brauches. – In der ayurvedischen Heilkunst werden heute Patienten mit einer Ganzkörper – Ölmassage von zwei Personen gleichzeitig massiert. Man benutzt angewärmtes Öl, ein warmer Ölstrahl ist während der gesamten Handlung auf das sogenannte dritte Auge, auf den Stirnbereich zwischen beiden Augen, entsprechend dem Stirnchakra, gerichtet. – Auf Hawaii werden heute wieder nach alten Überlieferungen Ölmassagen durchgeführt. Sie sind als Lomi Lomi oder Hawaiianische Tempelmassage bekannt. Eine Behandlung dauert heute normalerweise ein bis zwei Stunden. Die Elite des Volkes soll auf diese Weise früher mehrere Tage ununterbrochen massiert worden sein. – Die behandelte Person erfährt durch die intensive Berührung eine Anhebung ihres Energieniveaus und gleichzeitig eine neue innere Balance. Der Behandlungserfolg ist nicht nur von der Zeit, sondern selbstverständlich auch in hohem Maße von der Erfahrung und Reinheit der Ausführenden abhängig. [Anm.]

Der Behandelte hat die Möglichkeit zu einem vorübergehenden Quantensprung, zu einem Zugang zu geistigen Räumen. Wir können vermuten, daß diese Praktiken in früheren Jahrtausenden in vielen Teilen der Erde von Priestern und Priesterinnen ausgeübt wurden, um einem Volke überragende (transzendierte) Führungspersönlichkeiten z.B. Könige und Fürsten zu sichern.

Versuchen wir in diesem Zusammenhang, dem Begriff „adelig" etwas näher zu kommen, um einen Zugang zu der Essenz des Adeligseins zu finden. Das Wort edel entstammt dem gleichen Begriffsursprung, der gleichen etymologischen Wurzel und bedeutet ebenfalls adelig. Die heute häufige z.T. kulthafte Benutzung des Begriffs edel, weist uns deutlich auf unser Bedürfnis in diese Richtung. Aus dem gleichen Ursprung stammt das englische „adult", es bedeutet erwachsen sein. – Ein echter Adeliger, ein Adeliger

---

[Anm.] Neben der tiefen spirituellen Erfahrung war für mich das gleichzeitige Nebeneinander von gespannter Entspannung, tiefer geistiger Ruhe bei gleichzeitiger höchster Wachheit und unmittelbarer Bewußtheit besonders beeindruckend.

im ursprünglichen Sinne, ist hiernach leicht nach-
spürbar *nur* ein erwachsener Mensch, ein
Mensch, der Zugang zu einem höheren Energieniveau hat, was gleichbedeutend ist, mit Zugang
zu Spiritualität und höherer Bewußtheit und der
Möglichkeit zu größerer Reinheit und menschlicher Vorbildlichkeit.[Anm.] Inwieweit der Adel der
letzten Jahrhunderte oder die heutige Führungselite dem hier aufgezeigten Erwachsenheitskrite-
rien entsprechen ist offensichtlich. – Vielleicht
entspringt die Neugier großer Teile des Volkes an
den Lebensgewohnheiten des Adels, die in der
Regenbogenpresse befriedigt wird, nicht zuletzt
auch der tiefen menschlichen Sehnsucht, von
wirklich Erwachsenen geführt zu werden. –

Die bewußte Integration unseres menschlichen
Energiefeldes, unserer Aura, in unser tägliches
Leben ist gleichbedeutend mit unserem bewußten
Eintritt in eine höhere Ebene, ein höheres Energieniveau, in ein Mehr an menschlicher Erwachsenheit. Der menschliche Baum wird erst erwachsen, wenn er einen bewußten Kontakt zu seiner
Krone hat. Als pubertäre Elefantenküken haben
wir bereits unser körperliches Vollmaß erreicht,

[Anm.] Ein Mensch mit einer Schilddrüsenüberfunktionsstörung, ein gedop-
ter Leistungssportler oder auch ein Mensch mit einer sehr hohen kriminel-
len Energie kann auch ein hohes Energieniveau haben, aber krankhaft,
ohne geistige Entsprechung.

besitzen aber normalerweise nur selten Bewußtheit und Weisheit. – Der kosmische Ruf des menschlichen Lebens erwartet Erwachsenheit als Antwort. Diese Erwachsenheit beinhaltet seinen Eintritt in ein geistig-spirituelles Leben. Erst dieser Schritt bedeutet echte menschliche Antwort und Verantwortlichkeit.

Hiermit nähern wir uns wieder der Frage nach neuem Sinn und neuen Werten. Worin besteht nun die Verbindung zu unserer zentralen Thematik Unterkörper und Gesäß?

Die bewußte Integration unserer „näheren geistigen Struktur", unseres körpernahen Energiefeldes, unserer Aura, läßt vermuten, daß wir uns als Menschen nur unseren kulturellen, zivilisatorisch – männlich - geistigen Aspekten zuwenden müssen, dann würden wir unser Menschsein, unsere Zivilisation schon in den Griff bekommen. Christliche Religion hat uns diese Sichtweise in Verbindung mit dem Glauben an den wissenschaftlichen Fortschritt seit Jahrhunderten eingetrommelt. Wir leben äußerlich noch in einer patriarchalen Gesellschaftsstruktur und vergessen dabei die simpelsten kosmischen Gesetze, z.B. daß die inneren Dinge unseres Lebens matriarchal gesteuert werden. – Ich habe schon im vorherigen Kapitel darauf hingewiesen, daß die christlich-religiöse Sichtweise dazu tendiert, unseren mehr animalisch – materiell orientierten Unterteil zu verleugnen. Vater, Sohn und Heiliger Geist als höchstes Symbol, welch ein Schwachsinn! Wo bleibt die Mutter in der Familie? Die meisten brauchen mehr als ein ganzes Leben um zu erkennen, daß sich hinter dem Heiligen Geist lustvolle weibliche Energie verbirgt. – Um zu neuen Werten, zu einem neuen Sinn des Lebens zu kommen, reicht der bisherige wissenschaftlich – christliche Schwachsinn (Spin) nicht mehr aus. Er überbewertet die Rechtsdrehung, den Rechtsspin im oberen Körperbereich. Erst die bewußte Integration des Linksspins führt über die Torquierung zu einer neuen Stabilität der Mitte. Mehr darüber in den nächsten Kapiteln.

Wenn wir nach oben in eine mehr geistiggeprägte Zivilisation hineinwachsenwollen, uns hochwinden und uns überwinden wollen, müssen wir gleichzeitig auch in mehr Tiefe hinabsteigen, sonst wird unsere kulturelle Entwicklung zu kopflastig und zu instabil. Diese Tiefe entspricht unserem Steiß, unserem Zugang zu unseren archaisch – triebhaften Anteilen, unseren Wurzelsünden, die wir als die Todsünden Faulheit, Schamlosigkeit, Zorn, Stolz, Maßlosigkeit, Gier und Neid kennen. Erst die Auseinandersetzung mit diesen Wurzelsünden und ihre Bewußtmachung stellt die Energie bereit, die wir als Menschen brauchen, um auf einem neuen und höheren Bewußtseinsniveau leben zu können. – Der körperliche Ort, an dem unsere Entwicklungsfortschritte zu stocken scheinen, ist unser Beckenboden, unser Dammbereich, unser Steiß und Anus. Es geht um das Wahrnehmen und Beherrschen von Gefühlen und Empfindungen, dort wo wir am meisten Fleisch haben und am meisten Fleisch sind. *>>Der Geist ist willig, aber das Fleisch ist schwach<<*

Mit der häufigen Benutzung einer Fäkal- und Analsprache, wie schon anfangs erwähnt, zeigen wir schon unüberhörbar an, was unser größtes Problem ist und wo es liegt. An dieser Stelle wird auch am deutlichsten spürbar, welche Entscheidung wir als Menschheit zu treffen haben: Ob wir weiter uns am massenhaften Produzieren von Müll, Kot und Geld orientieren wollen oder den vernachlässigten zweiten Faktor, dem qualitativen Anteil unserer Produkte mehr *Aufmerksamkeit* und gleichzeitig mehr „*Abmerksamkeit*" geben wollen. Also mehr Beachtung der Qualität des Geistigen und der Tendenz zu mehr Bewußtheit und wirklicher Heilung anstelle von Quantität und Masse.

Zu diesem Umschlagspunkt um Anus und Steiß gehören unsere Beine und besonders unsere sensiblen Füße, die einen Ersatz für den aufgegebenen Krokodilsschwanz darstellen und sogar einen bewußten Kontakt in die Erdtiefe ermöglichen.

Wissenschaftlich - technischer Fortschritt trug über Jahrhunderte dazu bei, uns mehr uns selbst zu entfremden, uns besonders von der Benutzung und Fähigkeit unserer Beine zu entfernen. Ich denke an alle technischen Fortbewegungsmittel und die Zunahme sitzender Tätigkeiten vor Computerbildschirm oder Fernsehapparat. – Die Wiederentdeckung des Fahrrades als attraktives Fortbewegungsmittel oder die Joggingwelle sind Hinweise, daß eine Bewußtseinsentwicklung in die Gegenrichtung bereits stattfindet. Wir haben zwar an unseren Füßen keine opponierbare Großzehe entsprechend dem Daumen unserer Hände, dennoch dürfte die Fähigkeit unserer Füße der unserer Hände nur wenig nachstehen. Wir kennen enorme qualitative Leistungen mit den Füßen bei Naturvölkern oder nach Verstümmlungen der Hände und Arme. Die Drehung der Beine um 90° zur Längsachse des Körpers ist wahrscheinlich für unsere evolutionäre Entwicklung ähnlich bedeutungsvoll wie die Opponierbarkeit des Daumens und die freie Beweglichkeit von Armen und Händen.

10. Kapitel

Die Fähigkeit der Jugend zu großen Sprüngen als Ausdruck einer generellen gesellschaftlichen Entwicklung. – Die Bewußtwerdung des tiefen Zentrums in unserer Körpermitte, um das sich alles dreht.

Nur die Anhebung der individuellen menschlichen Bewußtheit kann eine echte zivilisatorische Weiterentwicklung bringen.

Wir haben in den vorangehenden Kapiteln das menschliche Energiefeld, den geistigen Raum, der uns körpernah umgibt, in unsere Betrachtungen einbezogen und diesen Raum, den wir bisher mit unseren üblichen wissenschaftlichen Mitteln nur in geringem Maße objektivieren können, dem subjektiven Bereich unseres Lebens zugeordnet. Wir haben diese „hautnahen" Erscheinungen den bekannten wissenschaftlichen Ergebnissen in der Grundlagenforschung als Folge von Relativitätstheorie und Quantentheorie gegenübergestellt. Wir erkannten in den menschlichen Beinen besonders ausgebildete Gliedmaßen, mit denen wir in der Lage sind, eine bewußte und besonders tiefe Beziehung zu Mutter Erde, entsprechend unseren weiblich-animalischen Anteilen, aufzunehmen. Ich habe darauf hingewiesen, daß die menschliche Besonderheit, mit den Händen nach den Sternen greifen zu können und sie zu begreifen, gekoppelt ist für alle Zeiten mit der Fähigkeit, mit unseren Füßen Kontakt mit dem Erdmittelpunkt aufzunehmen, ihn zu *„befußen"*.

Im folgenden Kapitel will ich die Konsequenzen erörtern, die sich aus diesen Voraussetzungen im Hinblick auf unsere menschliche Entwicklung ergeben und am Verhalten unserer Kinder und Jugendlichen einen bereits vollzogenen Entwicklungssprung darstellen. – Die Menschheit befindet sich in den letzten hundert Jahren in einer sprunghaften Veränderung, eine Ausdrucksweise, die von vielen Zeitgenossen gern benutzt wird. Auch wenn die meisten Menschen diese Veränderung nicht aus Distanz betrachten und kommentieren können, so wie ich es in diesem Buch versuche, nehmen sie dennoch diese Veränderungen intuitiv wahr und äußern sich zu diesem Geschehen indirekt in ihren Redewendungen und Gegenwartsbeschreibungen.

Wir sprechen in Bezug auf die Außenwelt von einer nie dagewesenen wissenschaftlich - technischen Entwicklung, die so sprunghaft verläuft, daß viele kaum Gelegenheit haben, zur Ruhe zu kommen. – Die gesellschaftlichen und sozialen Veränderungen unterliegen ebenfalls einem „sprunghaften Wandel". Diese Schnelllebigkeit der Zeit erwartet von allen Beteiligten im Arbeitsprozeß ein auf dem Sprung sein bei permanenter Hochspannung; die Alten, die diese Anspannung nicht mehr leisten können, werden frühzeitig in den Ruhestand geschickt. Weitere Bilder und Beschreibungen wie diese ließen sich beliebig hinzufügen.

Wir befinden uns einerseits bereits in einer rasanten und sprunghaften Entwicklung, andererseits nehmen die Mahnungen weitschauender Menschen noch zu, die eine grundsätzliche Veränderung unserer Lebenseinstellung fordern, wenn wir die Welt nicht bereits in wenigen Jahrzehnten für uns unbenutzbar gemacht haben wollen. – Auf der Suche nach den Bedingungen und den Folgen eines Umdenkens wollen wir uns jetzt mit dem Wesen des Sprunges befassen, mit dem Sprung an sich, um vielleicht die Anforderung an die Menschheit, einen Bewusstseinssprung, einen Quantensprung auf der Bewußtseinebene zu leisten, besser verstehen zu können. – Es dürfte dem Leser auf Grund der vorangegangenen Kapitel nicht sonderlich verwundern, daß dieser Sprung nach meiner Meinung für uns Menschen nicht nur im Gehirn gesteuert und vollzogen werden muß, sondern auch gleichzeitig mit unseren Beinen getätigt und durchgestanden werden muß. – Damit nähern wir uns auch wieder direkter unserem

Grundthema, daß die untere Körperhälfte umkreist.

Mit unserer Gläubigkeit an Wissenschaft und Fortschritt haben wir im Äußeren und Zivilisatorischen im letzten Jahrhundert bereits sprunghafte Veränderungen durchgestanden. Unsere Hirnfunktion hat diese Entwicklungen fast spielerisch mitgemacht, so wie Kinder spielerisch lernen, mit einem Computer umzugehen. Diese Entwicklungen vollzogen sich dennoch überwiegend nur im technischen Bereich. Auf den großen Nachholbedarf im körperlich - seelischen und gefühlsmäßigen Bereich habe ich bereits bei der Betrachtung unseres Energiefeldes hingewiesen. Die Einbeziehung dieses Energiefeldes in unser tägliches Leben als Selbstverständlichkeit und Realität hat gerade erst begonnen. Aus meiner Sicht sind wir als Menschheit erst zu dem anstehenden großen Entwicklungssprung einschließlich sicherer Landung fähig, wenn wir zu dieser Einbeziehung in der Lage sind. Kein Zweifel, der Mensch arbeitet intensiv an diesem Sprung. – Ich werde später an einigen Beispielen, besonders an unseren Kindern und Jugendlichen, diese Entwicklung veranschaulichen.

Gesprungen wird mit den Beinen. Unsere mächtige Gesäßmuskulatur überträgt die Bewegung der Beine auf den Rumpf und umgekehrt. Zwar wird

176

bei jedem Sprung mehr oder weniger der ganze Körper miteinbezogen, dennoch bilden Beine und Gesäß den eigentlichen Sprungapparat.

Um springen zu können, richten wir einen Kraftstoß durch unsere Beine gegen die Erde, richtungsgleich mit der Anziehungskraft. An dem Berührungspunkt mit der Erde kommt es zu einem Umschlag. Wir stoßen uns von der Erde ab oder die Erde gibt uns unseren Impuls zurück, abhängig vom Blickwinkel unserer Betrachtung. – Als Zweibeiner richten wir beim Sprung gleichzeitig unsere Körperlängsachse auf den Erdmittelpunkt, anders als die Vierbeiner, wie oben schon dargestellt.

Wollen wir uns im Sprung von der Erde lösen, hängt an uns gleichsam die dunkle Last der Erde, umgekehrt wie bei unserer Aufrichtung, wenn unsere Hände nach den Sternen greifen und wir gleichzeitig den Himmel mit ihnen tragen müssen, also himmlisch-männlichen Druck und Verantwortung aushalten müssen.

Mit dieser „männlichen" Last und diesem „weiblichen" Problem müssen wir leben. Wir haben als Menschen die Möglichkeit zu Erkenntnis und Gottähnlichkeit, doch nur wenn wir in der Lage sind, mit himmlischem Druck und erdhaftem Sog zurechtzukommen. Abgehobenes wissenschaftlich - kopfiges Denken sowie kindlich – gläubige

Religiosität kann auf die Dauer nicht ausreichend sein, wir brauchen für unsere Stabilität bewußten Kontakt mit unseren Wurzeln. Unser Becken und besonders unser Schwanzbereich steht in starker Beziehung zu diesen animalisch – archaischen Anteilen, z.B. unseren Trieben wie Selbsterhaltungstrieb, Nahrungs- und Sexualtrieb oder unseren sogenannten Tod- oder Wurzelsünden wie z.B. Gier und Neid. –

Wollen wir uns als Menschheit fortbewegen und uns weiter entwickeln, einen Sprung machen, müssen wir uns zwangsläufig mit diesen Trieben und Sünden auseinandersetzen.

Alle Religionslehren befassen sich mit diesem Problem und schlagen unterschiedliche Wege vor. Die einseitige Ausrichtung auf das Himmlisch – Helle, Lichte - Klare in den reinen Religionslehren bedeutete in der Vergangenheit häufig den Mißbrauch dieser Lehren zu Völkermord und Unterdrückung fremder Kulturen, wie z.B. die Zerstörung des Inka- und Aztekenreiches durch die Spanier im Namen Christi, oder die heutigen Greueltaten im islamisch – fundamentalistischen Bereich. Die direkte und psychisch unbearbeitete Einbeziehung unserer archaisch – triebhaften Anteile in das kulturelle Leben, mit der Betonung von Rasse, Blut und Boden, ist gerade uns Deutschen in unangenehmster Erinnerung und macht

178

verständlicherweise große Angst, uns mit unseren Urtrieben auseinanderzusetzen. Die Massaker auf dem nahen Balkan und in anderen Teilen der Welt zeigen sehr deutlich, daß wir als Menschheit insgesamt noch für längere Zeit nicht in der Lage sind, mit diesem Sog souverän, d.h. bewußt umzugehen. Und dennoch: Verleugnen wir diesen Anteil, tabuisieren wir ihn wie heute immer noch Gier und Neid, kommt gerade dieser Anteil zu gegebener Zeit in Form des Menschen als Bestie wieder zum Vorschein.

Hiernach sollte deutlich werden, daß *nur die Anhebung individueller Bewußtheit und die Anhebung des kollektiven menschlichen Bewußtseins eine echte zivilisatorische Weiterentwicklung bringen kann.* Mit dieser Erkenntnis haben wir Richtung und Ziel unseres Sprunges klargestellt. Fragen wir uns jetzt, inwieweit wir heute als Zivilisation dieser Erkenntnis bereits Rechnung tragen, bei welchen Verhaltensänderungen der letzten Jahrzehnte Anlaufschritte für den großen Sprung bereits erkennbar sind und ob vielleicht unsere Jugend und unsere Kinder schon den großen Sprung trainieren.

Menschen wie Artisten im Zirkus, fahrendes Volk, Gaukler, die oft über eine besondere ganzkörperliche Gewandtheit verfügten, gab es zu allen Zeiten. Sie gehörten immer zu einer kleinen und ausgegrenzten Gruppe des Volkes und führten ein Leben, das sich grundsätzlich von dem normalen bürgerlichen Leben der Masse unterschied. Heute erleben wir in allen Teilen der Welt, daß Kinder und Jugendliche aus allen Schichten körperliche Kunststücke meistens in Form von Sprüngen einüben, die an die Kunststücke des fahrenden Volkes erinnern. Auffallend ist die große Zahl der Kinder und Jugendlichen, die sich je nach Geldbeutel in den unterschiedlichsten Sprungübungen beweisen wollen. Die Spanne reicht von Square Dance zu Überschlägen mit Surfboard, Skiboard und Skateboard und Rollerskates. Auch die Sprünge beim Turnen und vom Sprungturm sind ebenfalls viel komplizierter geworden als in früheren Zeiten. – Wie kommt es zu einer derartigen Verbesserung der Sprungtechnik? Welche körperlichen Voraussetzungen müssen die jugendlichen Artisten mitbringen, um diese eindrucksvollen Leistungen vollführen zu können? Der geübte Trainer erkennt die Bewegungsabläufe bereits in normaler Aktion, der Wenigergeübte kann in Zeitlupenaufnahmen besser erkennen, welche besonderen körperlichen Voraussetzungen gegeben sein müssen:

Erstens: Die Bewegungen haben ein gemeinsames Zentrum in der Körpermitte, etwas über dem Bauchnabel, nicht zu verwechseln mit dem Sonnengeflecht, das darüber liegt oder dem Hara, dem Massen- und Energiezentrum östlichen Denkens. Zweitens: Die häufige Einbeziehung spiraliger Bewegungsanteile. Drittens: Die Notwendigkeit eines sicheren „Erdkontaktes" der Sportler sogar aus der Luft, sonst wäre eine sichere Steuerung und sicheres Landen aus der Luft nicht möglich.

Wir wissen, daß Säugetiere wie Katzen und Eichhörnchen ihre Bewegung im Sprung mit ihrem Schwanz steuern. Als Mensch benutzen wir unsere Beine als Ersatzschwanz. Je mehr wir geerdet sind, je sicherer wir mit beiden Beinen auf der Erde stehen, um so besser wird unser tiefer Erdkontakt, um so genauer wird unsere Steuertechnik. – Das Zentrum, um das die jungen Artisten sich biegen und drehen, ist der Teil unseres Körpers, den wir als unsere Mitte empfinden, den wir meinen, wenn wir zum Ausdruck bringen, daß wir „in unserer Mitte sind". – Wenn wir beten, meditieren, uns nur entspannen, in den Urlaub fahren, in den Schlaf fallen lassen, immer suchen wir den Kontakt zu diesem tiefen Zentrum, egal ob es uns bewußt ist, wie selten, oder ob wir diesen Kontakt unbewußt anstreben, wie überwiegend. Ein Teil unserer Kinder und Jugendlicher scheint heute viel besser geerdet zu sein als der Nachwuchs in früheren Generationen. Das hat für mich den Anschein, als ob hier bereits eine evolutionäre Entwicklung sichtbar wird. Frühere Elterngenerationen haben ihre Kinder überwiegend körperlich und seelisch zerbrochen, um sie gefügig zu machen. Nach meiner Einschätzung gibt heute die größere Unversehrtheit den „jungen Wilden" die Möglichkeit zu großen Sprüngen. Hierin zeigt sich meines Erachtens auch ihr präsenteres, stärkeres Urvertrauen. Indem sie sich verwinden, sowohl zum Kopf hin als auch zum Steiß, bekommt der Körper bessere Stabilität und Steuerungsfähigkeit. – Der Kontakt zu Ursprung und Mitte bei den Sprungübungen wird für die Springenden spürbar in Form eines AHA – Erlebnisses, eines Kicks. Gerade dieses AHA – Erlebnis, dieser Kick, bewirkt überwiegend die Motivation zu intensivem Training. Der Kontakt zu unserem tiefsten Zentrum, unserem Wesenskern, wird auf spielerische Weise auf der Bewegungsebene gesucht und verstärkt. Erwachsene in der heutigen Zeit in Europa und Nordamerika müssen durch einen intensiven psychotherapeutischen Prozeß gehen, um diese Mitte wiederzufinden, um sie wieder zu spüren, um sie eventuell einmal bewußt wahrnehmen zu können. Die überwiegende Masse ist ohnehin so sehr im Kopf und egozentriert, daß sie es normalerweise nicht schafft, ihre Selbstentfremdung aufzuhalten und zurückzudrehen. Es ist zu hoffen, daß die nachfolgenden Generationen auf Grund ihres guten Kontaktes zu diesem Zentrum die Zerreißprobe der Ausbildung („Verbildung") und des beruflichen Alltags besser überstehen als frühere Generationen. Ein kleiner Teil von ihnen könnte die Führungselite von morgen bilden, gesteuert nicht mehr von ihrem kleinen Ego sondern aus dem Kern und Selbst, aus dem sie sich mit der Natur und allen Menschen verbunden fühlen. (Liebe!)

Ich habe bei den Betrachtungen in den vorangehenden Kapiteln ein bewußteres Einbeziehen unserer unteren Körperhälfte in unseren Entwicklungsprozeß gefordert, um den Sprung zu mehr Sinn und neuen Werten zu ermöglichen. Durch Bewußtmachung der notwendigen Gegenbewegung zu Rechtsdrehung und Überwindung kommen wir über eine Torquierung zu neuer Stabilität und einem höheren Zentrum in Bauchnabelhöhe, das Barbara Ann Brennan als Wesensstern bezeichnet.. Diese Entwicklung wird nach meiner Wahrnehmung bereits deutlich an einem Teil unserer Kinder und Jugendlichen sichtbar.. – Es sei hier noch auf ein weiteres Entwicklungsphänomen hingewiesen. Betrachten wir die körperlichen Erscheinungen der Mädchen und Jungen im Alter von zwölf bis sechzehn Jahren in Mitteleuropa, so fällt das enorme Längenwachstum und dabei besonders die schlanken Hälse und Taillen auf. Eine verbesserte Fähigkeit zu Biegung und Torquierung ist unverkennbar. An den harmonischen Bewegungen erkennen wir auch hier einen guten Kontakt zur Körpermitte. Vielleicht reift ein kleiner Teil von ihnen zu echten neuen Königen und Königinnen und wächst zur neuen Führungselite heran, die den Entwicklungssprung zu einem erwachsenen und spirituellen Menschen wagt. Zumindest geben die anmutige Körperhaltung und Betonung des Kronenchakras zu dieser Hoffnung Anlaß.

11. Kapitel

Das Patentrezept für heute steht schon in der Bibel: Metanoete! Es lautet: >>Denkt um!<<. – Die Ähnlichkeit von geistigen und körperlichen Sprüngen.

> Springen ist Umdenken auf der Körperebene. – Umdenken führt zu sprunghafter Geistesentwicklung.

In den vorangehenden Kapiteln haben wir unsere zivilisatorische Abfallsackgasse umkreist und den ursächlichen Mangel an Qualität in unserer Gesellschaft erkannt. Wir ordneten das Qualitative den geistigen Aspekten unseres Lebens zu und assoziierten den generellen Mangel an Geistigem mit unserem Mangel an Lebenssinn und höheren Werten. Daneben konnten wir feststellen, daß sich die Menschheit in einer sprunghaften Entwicklungsphase in allen Lebensbereichen befindet und daß die anfangs betonte zivilisatorische Hinwendung zu Unterkörper und Gesäß, unserem materiellen Pol, in eine direkte Beziehung zu dem anstehenden Entwicklungssprung gebracht werden kann.

Dieser Sprung kann nur ein Sprung zu mehr Erwachsenheit und zu mehr menschlicher Reife, letztendlich mehr menschlicher Bewußtheit anstelle von kindlicher Naivität und Verantwortungslosigkeit (z.B. in Bezug auf unsere Erde) sein.

In dem folgenden Kapitel [Anm.] werde ich versuchen, die bisherigen Eckpunkte noch weiter zu verknüpfen, um das Wesen des anstehenden und notwendigen Entwicklungssprunges durchsichtiger und klarer werden zu lassen. Damit hoffe ich, die Entstehung von etwas Höchstgeheimnisvollen, die Entstehung von Bewußtheit, ein wenig wahrnehmbar werden zu lassen.

Im Zentrum unserer jetzigen Zivilisation und Wirtschaftsordnung steht nach wie vor der Grundsatz, Neues zu entwickeln und zu produzieren, um es danach in Massen gewinnbringend zu vermarkten. – Neue Sparten wie die Gentechnologie wecken zunächst große Hoffnungen. Die Abtakelung in der Kerntechnologie verzögert sich, die Verbindung zu dem zukünftigen Problem Zellkerntechnologie wird leider bisher nur unzureichend wahrgenommen. – Ich habe die Notwendigkeit betont, den Qualitätsaspekt unserer Produkte und den Qualitätsaspekt im Arbeitsbereich mehr in den Vordergrund zu stellen. Bisher bilden billige Massenprodukte das angestrebte

---

[Anm.] Mir ist bewußt, daß ich bei der heutigen Überbewertung von Kopf und Computer auch hier kräftig in das zivilisatorische Fettnäpfchen trete.

Ziel. Damit ist der weitere Abbau von Arbeits-plätzen vorprogrammiert, man bleibt im alten System. Erst Umdenken würde eine tiefgreifende Systemveränderung bewirken.

Die bedeutendste Systemveränderung der letzten 200 Jahre brachte wohl die französische Revolution von 1789. Sie löste in Europa den dekadenten Adel in seiner Führungsrolle und damit das Feudalsystem ab und brachte große zivilisatorische Veränderungen. Die Zeit ist reif für eine neue große systemverändernde Revolution, sie vollzieht sich bereits im Stillen. Die subtilen zivilisatorischen Probleme verlangen heute einen „revolutionären Schritt", einen Sprung auf der Ebene des ganz Feinen, entsprechend der zunehmenden menschlichen Raffinesse. Unser Bestes und Feinstes ist unser Bewußtsein, bzw. unsere individuelle persönliche Bewußtheit. Es ist die eigentliche Essenz menschlicher Existenz, entsprechend dem Ojas im aryurvedischen Weisheitsgebäude.

Gewalttätigkeit und kriegerische Auseinandersetzung gab es in den zwei Weltkriegen reichlich. Sie haben den Untergang der alten Strukturen beschleunigt und den Anlauf für den jetzigen Sprung vorbereitet. – Das große Theaterspiel in Medien und Politik in allen Ehren; im Grunde ist bereits seit langem bekannt: Die eigentliche und wesentliche Veränderung in einer Gesellschaft vollzieht sich nur auf der tiefen Ebene des Wesentlichen, unseres Bewußtseins, also auf der Ebene des Geistes, des Qualitativen. Es geht immer nur um eine Änderung des Zeitgeistes, und damit letzten Endes um eine Änderung in der Geistesentwicklung der Führungselite. – Goethe sagte in seinem Faust: *Was ihr den Geist der Zeiten heißt, das ist der Herren eigener Geist*. Der Zeitgeist wurde immer nur von einer kleinen Führungsschicht in Kirche, Staat und Wirtschaft geprägt, etwa einem Achtel der Gesamtpopulation, in früheren Zeiten z.B. dem Adel. Die heutige Führungsschicht ist im Grunde ausschließlich an Geld und Macht orientiert. Die zunehmende Selbstentfremdung der großen Masse macht die Menschen zu leicht manipulierbaren Sklaven des bestehenden Wirtschaftssystems. Die jetzige friedliche Revolution, der Sprung im Bewußtsein, wird die alten Denkweisen ablösen und das jetzige System grundlegend verändern. Das Christuswort *metanoete*, denkt um, denkt neu, ist aktueller denn je.

Ich versuche jetzt eine Beziehung zwischen den Aspekten des Springens auf der körperlichen Ebene, ihrer Nähe zu Unterkörper und Gesäß und dem Denken und Umdenken in unserem Kopf herzustellen. – Mit herkömmlichem rational –

wissenschaftlich – mentalem Denken kommen wir hierbei nicht weit. Wir müssen ganzheitlich assoziieren und integrieren, um Klarheit und Durchsichtigkeit entstehen zu lassen:

Mentales Denken ist immer zweck- und zielorientiert wie unser fixierender Blick. Es führt wissenschaftlich zu immer mehr Spezialisierung und Sektorierung; zu einem Eindringen mit diesem Kopf – Energie – Pfeil - Impuls in die Tiefe der Makrowelt, dem Weltraum oder in das Kleinste, in Atomkern und Zellkern. Dabei wurde der Wahrnehmungssektor im Laufe der Jahre bekanntlich immer enger. Mit anderen Worten: *Der Sektor und der dazugehörige Mensch wurden immer beschränkter.* – Ändern wir unser Denken in grundlegender Weise, „denken wir um", kommt es zu einem Umschlag, kann es zu integraler, ganzheitlicher diaphanierender Wahrnehmung kommen. Mit anderen Worten: Es kommt zu einem Umschlag und gleichzeitig zu einer sprunghaften Veränderung auf der Geistebene.

Beim körperlichen Springen kommt es bekanntlich zu einem Umschlag des Impulses, den wir gegen die Erde gerichtet haben. Es geschieht eine Wende des Energieflusses und damit auch eine Änderung unserer Bewegungsrichtung. Hierbei richten wir einen Energiepfeil in das Zentrum der Erde und wandeln Leicht- und Schwerkraft zu einem Sprung. – *Springen ist Umdenken auf der Körperebene.*

Wenn wir umdenken, richten wir eine geistig kopfige Energie in Richtung eines imaginären kosmischen Zentrums, z.B. das Zentrum der Sonne oder unserer Galaxis, letztendlich in das Zentrum unseres kosmischen Ursprungs. Die sich hieraus manchmal, evtl. auch regelmäßig ergebenden Geistesblitze oder AHA – Erlebnisse sind Folgen dieses Umdenkens. Sie führen zu anhaltenden Verhaltensänderungen. Mit anderen Worten: *Umdenken führt zu sprunghafter Geistesentwicklung.*

Ist die Menschheit im Arsch? Gibt es einen Ausweg? – Der Titel dieses Buches enthält zwei Fragen, deren Beantwortung ich in den vorangehenden Kapiteln versucht habe. Ich fasse die Antworten hier noch einmal zusammen: *Ja, die Menschheit ist im Arsch, aber sie ist nicht verloren.* Es gibt einen Ausweg. Beobachtungen an Kindern und Jugendlichen lassen bereits auf kollektive Entwicklungssprünge schließen und geben Anlaß zu gedämpftem Optimismus. Die derzeitige Hinwendung und Auseinandersetzung mit unserem materiellen Pol, unserem Unterkörper und Gesäß, ist notwendig, um zu einem neuen inneren Zentrum, zu einer neuen Mitte zu kommen, zu einer höheren Bewußtseinsdimension, zu einem höheren individuellen und kollektiven Energieniveau.-

Wenn wir aufhören, die Welt nur aus eingeengter, mentaler Sicht zu betrachten, also umdenken und Geistig – Energetisches miteinbeziehen,

wenn wir wagen, uns zu überwinden und auch zu unterwinden,

wenn wir unseren angeborenen Fähigkeiten zu Transzendenz nachgeben,

wenn wir bereit sind, echte Erwachsenheit auszuhalten,

wenn wir das seit Jahrhunderten vernachlässigte Qualitativ – Geistige in unser Leben erneut und bewußt integrieren,

wenn wir bei unseren Produkten „auf allen Eben" den qualitativen Faktor wahrnehmen lernen, -

kommt es zu einer Erhöhung unseres individuellen und gesellschaftlichen Energieniveaus,

kommt es im individuellen wie im kollektiven in Form von AHA – Erlebnissen oder Kicks zu sich wiederholenden Mini – Erleuchtungen, kommt es zu individuellen und gesellschaftlichen Quantensprüngen,

kommt es schließlich zu einer mehr oder weniger sanften Landung auf erhöhtem Energieniveau,

*kommt es letztendlich zu einer neuen inneren und äußeren Klarheit und Durchsichtigkeit unseres Lebens, entsteht echte oder wahre Erkenntnis, **entsteht Bewußtheit.***

Warum ist umdenken, anders denken, neu denken so gefährlich, so undenkbar für die meisten Erwachsenen unserer Zeit? – Wir leben in einem hochkomplexen, alle Lebensbereiche berührenden gedanklichen System, das sich seit ca. dreitausend Jahren kontinuierlich aufgebaut hat. Es entwickelte sich aus dem Griechentum über Römertum, mittelalterlichem Christentum bis hin zu unserer wissenschaftlichen Neuzeit. – Umdenken bedeutet, diese jahrtausendealten, hochkomplexen Strukturen und eingefahrenen Abhängigkeiten grundlegend in Frage zu stellen. Gerade die Menschen, die in der Lage sind, sich gut an die Entwicklungen des Systems anzupassen, sich zu spezialisieren und auf mehr oder weniger legale Weise Nutznießer oder Abzocker in diesem System zu sein, leisten den größten Widerstand. Gerade diejenigen, die sich in diesem System einen besonderen Vorteil erwirtschaften und sich über dieses System identifizieren können, sind verständlicherweise am wenigsten dazu in der Lage und bereit, sich selbst und das System in Frage zu stellen. – Mit dem Begriff der „Schnellebigkeit der Zeit" kommt der sich vollziehende Umdenkungs- und Wandlungsprozeß trotz dieses allgegenwärtigen Widerstandes zum Ausdruck. Dieser Änderungsprozeß scheint mit der Jahrtausendwende einen vorläufigen Höhepunkt erreicht zu haben.

Die Masse der Bevölkerung ist so tief mit dem herrschenden System verflochten, daß der Aufruf zu einem generellen Umdenken für sie wie ein lebensgefährdender Impuls empfunden wird. – In der Tat, würde die abendländische Zivilisation als Ganzes sich schlagartig von ihrem bestehenden System abkehren, wäre das entstehende Chaos ähnlich verheerend wie ein Atomkrieg. Auf diesen Zusammenhang hat bereits Wilhelm Reich in seinem Buch „Christusmord" vor vielen Jahrzehnten hingewiesen. Vor einer derartigen Schlagartigkeit brauchen wir uns dennoch nicht zu fürchten. Der Umdenkungsimpuls kann sich zwar im Persönlichen sprunghaft auswirken, in der Gesellschaft vollzieht er sich fließend wie alles Wesentliche in Natur und Kosmos, so auch auf der Ebene des Bewußtseins.

Gehen wir davon aus, daß irgendwie die „Wende" bereits vollzogen ist und daß wir in Europa schon bald nach einer neuen Wahrheit (Währung) [Anm.] leben werden, kommt es mehr darauf an, nach diesen vorangehenden „revolutionären Schritten" (Sprüngen), die nicht zu leugnen sind (Zusammenbruch des kommunistischen Imperiums, Fall der Berliner Mauer), für eine sanfte Landung zu sorgen, die Verletzungsgefahr durch den großen Sprung zu minimieren.

Der katholischen Kirche wird seit langem vorgeworfen, grundlegendes Menschheitswissen, also ganzheitliches - spirituelles Wissen, unterdrückt und der Menschheit vorenthalten zu haben. – Vielleicht war die Menschheit bisher tatsächlich nicht in der Lage, dieses Wissen aufzunehmen und zu verarbeiten. Wahrscheinlich wäre Umdenken, wie vor zweitausend Jahren von Christus empfohlen, damals viel zu früh gewesen. Möglicherweise war aus evolutionärer Sicht der „kirchliche Bremseffekt" notwendig, um den Anlauf für den jetzigen großen Sprung zu verbessern. – Vergleichen wir die letzten zweitausend Jahre mit einem Flugzeugträger und den Menschen als Flugzeug darauf. Wegen der kurzen Startbahn auf dem Flugzeugträger wird die Anfangsbewegung

---

[Anm.] Ich denke dabei nicht nur an den Euro!

so lange bewußt verzögert, bis sich die volle Schubkraft der Motoren eingestellt hat und das Flugzeug sich fast katapultartig (sprunghaft!) in Bewegung setzt.

Ich meine, die jetzige menschliche Sprungfähigkeit zeigt sich in diesen Jahrzehnten in besonderem Maße, wie schon mehrfach in dieser Schrift an Beispielen erläutert. Der sich bereits vollziehende Sprung auf der Bewußtseinsebene wird von nicht wenigen mit dem Untergang der Welt assoziiert und wurde mit der Jahrtausendwende verknüpft. Nicht die Welt wird untergehen und die Menschheit, aber ganz gewiß das dreitausend Jahre alte Denksystem. Es wird als alleinregierendes geistiges Führungsinstrument in diesen Jahrzehnten unwiderruflich zu Grabe getragen. Ob die entscheidenden Ereignisse auf der höheren Ebene, der Energieebene, sich bereits ereignet haben oder aber erst in wenigen Jahrzehnten ereignen werden, erscheint mir fast schon nebensächlich. – Nach dem Zusammenbruch der kommunistischen Lüge wartet das westliche Sozialsystem darauf, offen beleuchtet und enttabuisiert zu werden. Das gleiche gilt für den immer noch ungebrochenen Glauben an den technischen Fortschritt. Dieser Glaube geht meines Erachtens konform mit der „unbewußten Hoffnung", daß die menschliche Natur in der Lage ist, noch weiterführende Selbstentfremdungen als bisher auszuhalten, ohne

halten, ohne sich automatisch dabei selbst auszu-
löschen. Es fehlt schon lange das Gespür für die
ewigen Wellenbewegungen, die das Weltall vom
kleinsten bis zum größten Baustein formen.

Mit der Fähigkeit zum eindringenden und rich-
tenden Denken hat sich die Menschheit für etwa
dreitausend Jahre dem eindringenden Forschen,
dem Teilen, Spalten und Destruieren verschrie-
ben. Dazu gehören Atomspaltung und Umweltzerstörung und leider auch die unbewußte Bevorzugung von Haß und Krieg. – Kommt es zu einem grundlegenden Umdenken, zu dem beschriebenen Bewußtseinssprung, werden tendenziell die
erhaltenden, heilenden und liebenden Kräfte zunehmend die Akzente setzen. Wahrscheinlich
wird menschliche Offenheit dann nicht mehr so
gefahrvoll sein wie heute und wahre Liebe nicht
mehr so extrem selten wie in unseren Tagen.

12. Kapitel

Das Geheimnis des mentalen Wahnsinns, Spin und Gegenspin, das Zuviel an patriarchialem Rechtssinn (Spin) und das Zuwenig an matriarchalem Linkssinn (Spin)

Torqieren, Spin und Gegenspin, Sinn und Gegensinn zu vereinen, führt zu neuer Struktur und Stabilität

In den vorangehenden Kapiteln erwähnte ich schon einige Male den Begriff einer „neuen Mitte", eines neuen sich bewußtwerdenden Zentrums im Menschen als das Ziel des sich jetzt vollziehenden Entwicklungssprunges. Ich habe auf unsere Leibmitte hingewiesen, die stärkere Betonung und Stabilität erfährt, wenn wir uns torquieren. Dies bedeutet gleichzeitig eine Drehbewegung zu vollführen mit und gegen den Uhrzeigersinn. – Diese neue Mitte erfahren wir bewußt nur auf einem höheren Energieniveau, auf das wir als Menschheit und als Individuum jetzt springen müssen. Es vereinigt die Objektivität unseres materiellen Körpers und die Subjektivität unseres Energiefeldes. Die bewußte Einbeziehung dieses Zentrums in unsere Wahrnehmung ist die Folge der oben bereits erwähnten Forderung nach einer bewußten Integration unseres Energiefeldes. Sie ist die unmittelbare auf die Person bezogene Konsequenz aus den Einstein - Max-Planck´schen Gesetzen. Unter Integration verstehe ich hierbei die Annahme und Verwirklichung dieser Gesetze nicht nur in ihrem wissenschaftlich .- technischen Bereich sondern auch im Sozialen und ganz Persönlichen. – Unsere zivilisatorische und körperliche Ausrichtung auf Unterkörper, Gesäß und Anus bringt als eine Art Anlauf die Vorbereitung für einen Sprung auf ein höheres Bewußtseins- und Energieniveau zum Ausdruck, ein neues Niveau, daß ein Leben in und aus dieser neuen Mitte erst ermöglicht. Die Akzentuierung und Problematik bei diesem Sprung liegt nicht wie zu erwarten im Gehirn. Die Auseinandersetzung mit unserem fleischlich – materiellen Pol ist unser Hauptproblem. >>*der Geist ist willig, das Fleisch ist schwach.*<<

Wir können dieses Anlaufnehmen auch mit einer Pendelbewegung vergleichen. Das große Weltenpendel steht vor dem Ende seiner „mentalen Bewußtseinsschwingung" . Gesäß, Steiß und Anus sind im Körperlichen der Umschlagpunkt, der Wendepunkt. Die Welt im Großen und entsprechend wir Menschen im Kleinen stehen vor einer neuen kosmischen Pendelbewegung. – Indem wir uns eine Wellenbewegung oder eine idealisierte Sinusschwingung vorstellen, bleiben wir fast im gleichen Bild. Wir befinden uns am Schnittpunkt der Wellenbewegung mit der imaginären Zeitachse, an einem Wendepunkt der Wellenbewegung.– Vergegenwärtigen wir uns die Sinusschwingung und ihre Spiegel- und Zeitachse, so sind die Schnittpunkte der Wellenbewegung mit der Zeitachse die Orte höchster Dynamik und nicht die Wendepunkte der Bewegung (also nicht Wellental und Wellengipfel, entsprechend den Schaumkronen in einer tosenden Brandung). - Entsprechendes gilt bekanntlich auch für das Pendel. Der Durchgang durch die Nullage ist hier der Ort höchster Dynamik und „Lebendigkeit". Benutzen wir weiter unsere mentale Abstraktionsfähigkeit und gehen wir von diesen „abstrakten Bildern" zu einer liegenden Acht, der Lemniskate. Sie ist ein altes Symbol für Kosmos und Unendlichkeit. Seien wir uns gleichzeitig der Bedeutungsschwere der Zahl acht bewußt, sie symbolisiert Ganzheit und Vollkommenheit. – *Das Zentrum der Acht und Lemniskate, ihre Taille ist der spannendste Punkt!* – Ich denke dabei an eine Ameise und an die eindrucksvollen Übergänge zwischen Kopf und Brustkorb sowie Brustkorb und Hinterteil.

Kommen wir nun zurück zu Taille und Mitte des Menschen und seien wir uns bewußt, daß unser Körper nur materialisierte Schwingung ist. Wenn das besprochene neue Zentrum in unserem menschlichen Körper für unsere zukünftige Existenz und Entwicklung so bedeutungsvoll ist, wie hier angedeutet, müßte unser Leben auch schon in früherer Zeit darin vielfältig verwoben sein, auch wenn uns dies bisher nur wenig oder gar nicht bewußt gewesen sein sollte. – Im Folgenden will ich auf die vielfältigen Verknüpfungen dieses höheren Zentrums mit den unterschiedlichsten Aspekten unseres heutigen Lebens eingehen:[Anm.:]

Der große Kenner der Bewegung, Moshe Feldenkrais, betonte in seinen Büchern und Lektionen unser menschliches Becken und seine großen Muskelpakete als Anfang aller Bewegungsabläufe. Haben wir einen guten Erdkontakt, nehmen Handlungen und Bewegungen hier ihren Anfang. – Ist aber die *zeitliche* und *örtliche* Wahrnehmung eines Bewegungsanfanges bereits ausreichend, um das Geheimnis einer Bewegung und damit auch der Bewegung an sich zu ergründen? Ich meine nein. Wir sehen beim Sport oder beim Ballettanz auf einer Theaterbühne *perfekte* Bewegungsabläufe mit vielen durchlaufenden, harmonischen Anteilen. Ist es wirklich die Bewegungsperfektion, der technisch scheinbar vollkommen beherrschte Körper, der uns überalles fasziniert? Ich meine nicht! Es gibt noch etwas jenseits der technischen Perfektion.

[Anm.:] siehe hierzu auch Cheiron K. Sperber, Kap. 10 in „Die Maske hinter der Maske".

Betrachten wir einmal auf einer Veranstaltung oder in einer Einkaufspassage Verhalten und Gesichtsausdruck von Jung und Alt, wenn zwei junge Hunde miteinander toben, zwei natürliche Kinder unbekümmert miteinander spielen oder wenn zwei vorpubertäre, anmutige junge Mädchen miteinander kalbern. Wir erkennen dann in dem Gesichtsausdruck der Zuschauer eine ganz besondere Aufmerksamkeit und Anteilnahme, den fast unwirklichen Glanz in ihren Augen. Selbst bei vielen Akademikern oder senilen Alten ist diese Reaktion unübersehbar. Es ist nicht der technisch perfekte Bewegungsablauf, der fasziniert. Es ist die Ursprünglichkeit der Bewegung, die z.B. bei jungen Tieren, ungebrochenen Kindern bis hin zu noch ungebrochenen Jugendlichen fast jeden von uns in höchstem Maße anspricht. Ursprünglichkeit, Naivität und Unbewußtheit gehören zusammen. - Zeitlupenaufnahmen helfen uns, das Geheimnis der unbewußten, nicht technisch perfekten Bewegungen klarer wahrzunehmen. Die Bewegungen erfassen den gesamten Körper und laufen durch die Körpermitte. Hier offenbart sich das Geheimnis des Ursprungs, das Geheimnis der Naivität, ich meine auch das eigentliche Geheimnis der Erotik eines jeden Lebewesens. – Ein Ballettänzer kann technisch perfekt in seinen Bewegungen sein. Seine besondere Ausstrahlung und der große Bühnenerfolg hängen davon ab, ob und wie weit er sich einen Teil seiner Ursprünglichkeit bewahrt hat und ob er noch in Kontakt zu diesem Ursprung steht.

Es kommt in der Essenz also nicht auf perfekt eingeübte Bewegungsabläufe von Anfang bis Ende an, sondern auf eine Qualität, die vor dem Anfang liegt, also vor dem Beginn der Zeit, dem Beginn der zeitlichen Wahrnehmung. Der Ursprung der Bewegung, die Intention zu der Bewegung, entsteht in unserer Mitte in der Gegend des Bauchnabels. Sie ist reine Gegenwart, sie ist zeitfrei (siehe Cheiron K. Sperber, Die Maske hinter der Maske) – Der Anfang der Bewegung wird sichtbar in unserem Massenschwerpunkt, etwa 3 cm oberhalb des Schambeines gelegen, dem Hara in der östlichen Tradition. Besteht eine weitgehend ungetrübte, dem Naiven eigene Beziehung zwischen Körpermitte und Bewegungsanfang, empfinden wir die Bewegung als natürlich. Die Intention für eine Bewegung kann der gut Aurawahrnehmende bereits als Veränderung im Energiefeld schon vor dem Bewegungsbeginn erkennen.

Untersuchen wir grundlegende Äußerungen bedeutender Persönlichkeiten unserer Zeit, treffen wir häufig auf Aussagen, die sich auf das neue, zur Bewußtheit drängende Zentrum in unserer Mitte beziehen. In früheren Jahrtausenden war der Mensch eingebunden in seine Sippe und mit der Natur verflochten. Mit der Entstehung der mentalen Bewußtseinsstufe - für uns Abendländer in Griechenland - rückt das Individuum zum ersten Mal als Ich in das Zentrum menschlicher Entwicklung. Das bekannteste Dokument für diesen Prozeß sind die ersten Worte in Homers Ilias: „Bin Odysseus." Das Ich ist hier noch nicht direkt ausgesprochen wie etwa zweihundert Jahre später, dennoch schon wahrnehmbar.[Anm.] Das Ich entfremdete sich im Laufe der Jahrhunderte mehr und mehr zum kleinen Ego des Egoismus. Unsere patriarchal dominierte Gesellschaftsordnung mit wissenschaftlich – technischer Dominanz in allen Lebensbereichen, unsere zunehmende Natur- und Selbstentfremdung im Individuellen, im Globalen erkennbar als Umweltzerstörungen, sind nur einige der vielen Folgen dieser Entwicklung, an denen wir als negative Übertreibung des Mentalen schon seit längerer Zeit leiden. – Heute, zu Beginn einer neuen menschlichen Bewußtseinsstufe, dem supramentalen (integralen) Bewußtsein, rückt die Natur und unser überindividueller Bezug zur Schöpfung, unser Selbst, wieder in den Mittelpunkt des Lebens. In den Schlagwörtern wie Hier und Jetzt, reine Gegenwart, Augenblick und Ewigkeit, wird das Sein begrifflich berührt.

[Anm.] Siehe hierzu Jean Gebser, Ursprung und Gegenwart

Jean Gebser beschreibt in seinem Werk „Ursprung und Gegenwart" schon vor 50 Jahren! die sich jetzt vollziehende integrale Bewußtseinsumwandlung und setzt sich intensiv mit den Begriffen Ursprung und Zeit auseinander. – Die Amerikanerin Ann Brennan nimmt in der Leibesmitte mit ihrer besonderen Fähigkeit, die Aura differenziert wahrzunehmen, ein Strahlungszentrum wahr, das sie als Wesensstern bezeichnet. Sie gibt diesem Zentrum eine übergeordnete, d.h. gleichzeitig auch immer eine ordnende Funktion. – Teilhard de Chardin spricht von einer zentralen kosmischen Kraft, die er Christuskraft nennt. In heutigen Seminaren über das Thomasevangelium wird diese Energie manchmal direkt spürbar und kann zu tiefen spirituellen Erfahrungen führen. – Reshad Feild fordert für menschliche Erwachsenheit echte Willensäußerung und sieht diese in Entscheidungen, die „vor der Zeit" entstehen, also aus größter innerer Tiefe kommen und damit Ursprungsgegenwärtigkeit besitzen. Mit dem „Beginn des Zeitlichen" beginnt auch die heutige Überakzentuierung des wissenschaftlich – mentalen Messens verbunden mit der Überbewertung materieller Bezogenheit. – Vor der Zeit, in der Zeitfreiheit, der Bewußtheit der Ursprungsgegenwart, sind die Gesetze des Lebens durch die Gesetze des Geistes akzentuiert. Ihre Grundtendenz ist formgebend, aufbauend und heilend im

Gegensatz zu der zeithaften mentalen Tendenz, die zielend, eindringend, spaltend und zerstörend akzentuiert ist.

Die Beschreibung eines morphogenetischen Feldes und die Theorie eines alle Strukturen verbindenden Bewußtseins, wie Rupert Sheldrake sie vornimmt, ist vielleicht nur eine besondere wissenschaftliche Variante des gleichen zentralen Themas. Wissenschaft im herkömmlichen Sinn leugnet grundsätzlich die Existenz von Geist, von Qualität und Essenz, da diese nicht meßbar ist. – Die wissenschaftliche Beschäftigung mit dem Unerklärlichen, (das von sich aus klar ist und deshalb zwangsläufig unerklärlich ist) zielt auf das gleiche Kraftfeld und das dazugehörige Zentrum wie die anderen oben erwähnten Beispiele.

Wenn wir von dem einen Gott oder der göttlichen Einheit reden,

wenn wir unsere eigene kleine Göttlichkeit als Gottes Ebenbild spüren,

wenn wir uns unserer Verbindung mit dem Ursprung des Universums bewußt werden,

wenn wir also unseres Urvertrauens gewahr werden,

wenn wir unser Einssein mit der Natur bewußt erfahren, wenn wir Intuition, freien Willen und Kreativität als zu uns gehörig erleben, -

sind wir in lebendigem Kontakt zu unserem tiefsten Zentrum. Dies geht „Hand in Hand" mit einer bewußten Wahrnehmung unseres Energiefeldes und einem bewußten Umgang mit unseren tiefen Gefühlen. Die jetzt sich vollziehende Wende, der Sprung auf eine neue Bewußtseinsebene, ist die Abkehr von der tendenziell mehr auf das Außen, die Äußerlichkeit und Form gerichteten mentalen Bewußtseinsstruktur. Es ist die Abkehr von einer das kleine Ego stärkenden zentrifugalen Entwicklungstendenz. Wir gelangen zu tendenziell integrierenden, mehr das Innere, Geistige, Qualitative, Inhaltliche akzentuierenden zentripetalen Bewegungen.[Anm.] Das notwendige Umdenken für die Welt von morgen, den Sprung und die Wende im Gedanklichen zuzulassen und die geistige Entfernung von der uns heute noch mit Ausschließlichkeitsanspruch führenden mentalen Struktur zu wagen, bedingt eine Entscheidung auf tiefster Ebene. Die Tiefe der Entscheidung erfordert not-

---

[Anm.] Die hier benutzten Begriffe wie Tendenz und Akzentuierung sind nicht willkürlich. Sie entsprechen auf der wissenschaftlichen Ebene bei der Beschreibung subatomarer Strukturen dem Begriff der Wahrscheinlichkeit, politisch oder sozial dem Trend.

wendigerweise einen Kontakt mit der Ebene des Seins, es ist die Ebene unserer tiefen Gefühle und der Wahrnehmung unserer tiefen Verbundenheit mit der Natur. Bewußten Kontakt zu dieser Ebene der tiefen Gefühle bekommen wir nur, wenn wir, wie bereits schon erwähnt, in bewußtem Kontakt zu unserem körpernahen Energiefeld stehen: *Wir brauchen für diese Tiefe ein gesundes Urvertrauen oder einen starken kindlichen Glauben an einen Gott oder die erwachsene Wahrnehmung und das Wissen von einer göttlichen Einheit.*[Anm.]

In dem wir umdenken, opfern wir unsere erfolgreiche kleine Ego-Fassade, die uns zu Geld und Macht und Ansehen verholfen hat. – Wenn wir zu sehr auf das zivilisatorische Geschehen „abfahren", besteht die Gefahr, daß wir uns selbst nicht mehr spüren, keinen Kontakt zu unserer tiefen Mitte haben, und z.B. nicht mehr wagen, in dieser tiefen Mitte zur Ruhe zu kommen. Wir haben dann Angst vor tiefen Empfindungen und Angst vor ernsten Gesprächen. Wir sind dann nicht mehr in der Lage, unsere eigene menschliche Entwicklung und die äußere zivilisatorische Entwicklung zu hinterfragen.

[Anm.] Letzteres kommt z.B. zum Ausdruck, wenn C. G. Jung gegen Ende seines Lebens sagt: „Ich glaube nicht, ich weiß".

Umdenken entsteht bekanntlich am häufigsten durch schmerzhafte Erfahrungen, z.B. durch einen erzwungenen Aufenthalt in einer Klinik. Selbst schwerste Erkrankungen wie Herzinfarkt, Schlaganfall oder Krebs können im günstigsten Fall, auf diese Weise wie ein >>*schöner Schnupfen*<< wirken und zu einer >>*schönen Scheiße*<< werden.

Woran mag es liegen, daß wir in der heutigen Zeit so wenig aus negativer Erfahrung und Erleben lernen? – Sind wir wirklich mit der Bevorzugung unserer mentalen Leitstruktur zu *eingebildet* geworden, setzen wir das *Bildliche* vielleicht zu hoch an, besonders jetzt in der Foto-Fernseh-Computer-*Bildschirm*-Zeit? Haben wir bereits schon zu hochgestochene (zu mental - sektorierte) Vorstellungen von einem technisch zivilisatorisch zukünftigen Leben ohne Natur und merken bei dem vielen Davorgestellten nicht mehr, daß uns unser Kontakt zu Natur und Ursprung immer mehr verloren geht? Vielleicht liegt das Problem an unserem tollen menschlichen Gehirn und der vermeintlich tollen menschlichen mentalen Bewußtseinsstufe. – Die alten Griechen als „Erfinder" der mentalen Denkfähigkeit hatten von diesem Problem bereits eine erstaunliche Vorstellung. Tiefe Prozesse auf der geistigen Ebene wurden bei ihnen bekanntlich als Mythen geschaut: Die Entstehung der mentalen Bewußtseinsstufe entstand aus ihrer Sicht nach der Paarung von Zeus mit Metis, einer vernunftbetonten Urweiblichkeit. Zeus fürchtete ein Kind, das ihm geistig überlegen wäre und verschlang die bereits schwangere Metis. Ihre Tochter Pallas Athene wollte dennoch auf die Welt kommen. Um die Geburt möglich zu machen, mußte das Haupt des Zeus mit einer Axt gespalten werden.[Anm.] Hermes und Prometheus sollen sich als Geburtshelfer betätigt haben. Die Göttin Pallas Athene steht fortan für mentales Denken. Ihre besonderen Attribute sind ihre geistige Klarheit, ihre zielsichere Lanze und ihre die Nacht und das Unbewußte durchdringenden Eulenaugen sowie das Medusenhaupt, das auch heute bei den vielen männlich-erfolgreichen und emanzipierten (aus dem Mann (Zeus) konzipierten) Frauen unübersehbar ist. –

Die Spaltung des göttlichen Schädels sollte uns besonders interessieren, *schließlich geht es uns heute wie schon damals meistens um das, was uns nicht klar ist und noch in unserem Unbewußten schlummert!* – Nirgendwo wird erwähnt, ob die Wunde nach der Öffnung des Schädels mit der Axt wieder gut verheilt ist, schon gar nicht, ob bei dem Eingriff auf so grobe Weise nicht gleich das

---

[Anm.] Wenn ein kopfiger Mann wie Zeus sich mit einer kopfigen Frau wie Metis einläßt, muß eben der Kopf als Gebärmutter herhalten.

ganze Großhirn mitdurchgeschlagen worden ist. – Ich persönlich vermute, daß diese schwere Geburt nur mit einer weitgehenden Spaltung und Verletzung des Großhirns möglich war. Auf Grund der heutigen menschlichen Entwicklung können wir davon ausgehen, daß die großartige menschliche Errungenschaft der mentalen Denkfähigkeit in Verbindung mit der uns vom Tier trennenden Ich – Entwicklung tatsächlich auch folgenschwere Nachteile hat. – Um diese Nachteile erkennen zu können, bedarf es allerdings einer inneren Bereitschaft. – An welcher Stelle muß der Schmerz ansetzen, um dem Einzelnen oder der Masse zu signalisieren, daß eine Kehrtwende, ein Umdenken, ein rettender mutiger Sprung sinnvoller ist, als wie bisher weiter zu machen? Per Versicherung läßt sich heute fast alles versichern, nur der Wahnsinn wird noch nicht versichert. Selbst eine schwere Erkrankung bekommt heute bei gar nicht so wenigen auch eine gute Seite, wenn Versicherungen und Staat dafür dem Kranken Geld bezahlen. – Mit dem Wahnsinn allerdings läßt sich kein Geschäft machen. Die Angst, an Wahnsinn zu erkranken, ist gewaltig. Die sensible Reaktion der deutschen Bevölkerung auf den britischen Rinderwahn war deutlich. – Auch hier nimmt die Masse der Bevölkerung (der meines Erachtens sensibelste Bewußtseins- und Wahrheitsindikator) im Umgang mit dem Wahnsinn bereits zwei un-

210

terschiedliche Wertungen vor: Die negative Bewertung bezieht sich auf die Krankheiten, die mit geistiger Umnachtung einhergehen und eine aktive Teilnahme am Gemeinschaftsleben ausschließen, wie z.B. Schizophrenie (Gehirnspaltung) – Die positive Wertung bezieht sich auf außergewöhnliche Leistungen im Sport- und Showgeschäft, die mit Äußerungen wie „Das ist ja Wahnsinn!" begleitet werden.

Wenn wir beginnen, eine Sache oder einen Vorgang zu spalten, ihn z.B. getrennt mit beiden Ohren oder Augen aufzunehmen, entsprechend den Möglichkeiten unseres paarig angelegten Großhirns, beginnt der Prozeß der Bewußtwerdung. Entsprechendes geschieht heute, wenn auch noch weitgehend unbewusst, mit dem Wahnsinn, der nicht nur ausschließlich negativ, sondern bereits irgendwie auch schon positiv „gesehen" werden kann. – Führt die aufkommende Spannung als Schmerz oder Wunde zu Integration dieser beiden „Sichtweisen", kommt es zu AHA – Erlebnissen, Bewußtheit und Erleuchtung. *Es bedarf also einer schmerzhaften Spannung, das Fühlen einer Wunde als Voraussetzung für einen Heilungsprozeß.*

Klopfen wir uns mit einem Hammer auf den Daumen, können wir ein starkes Schmerzmittel nehmen und dann weiter auf den Daumen schlagen. Die wenigsten machen das; wer es macht, wird für wahnsinnig oder schwachsinnig erklärt. – Bei weniger eindeutigen Ursachen und weniger leicht erkennbaren Zusammenhängen wird die Einnahme eines Medikamentes fast zur Selbstverständlichkeit. Z. B. verlangen Raucher vom Arzt selbstverständlich Medikamente zur Behandlung ihrer Raucherbronchitis. Handelt es sich hier nur um Unsinn oder bereits Schwachsinn oder gar Wahnsinn? Der Kranke spürt nicht den direkten Zusammenhang von schädigender Auslösung und entstehendem Schaden wie derjenige, der sich selbst mit einem Hammer auf den Daumen klopft. – Es ist schon seit langem bekannt: Integrieren oder meditieren wir unsere beiden Großhirnhälften, entsteht Wahrnehmung, Klarheit, Bewußtheit. Seit einiger Zeit ist ebenfalls bekannt, daß die Konfrontation des Menschen mit Bildern wie Fotos und Fernsehen einseitig unsere linke Hirnhälfte entsprechend unser rechtes Auge und unsere rechte Körperhälfte beansprucht. Der tägliche Umgang mit einem Computer hat diese Belastung noch um ein Vielfaches verstärkt. – Die eine Gehirnhälfte wird hoffnungslos überfordert, die andere stirbt wegen Unterbeanspruchung langsam ab z.B. wie nach einer Querschnittslähmung die untere Körperhälfte.

Wieso meldet sich das Gehirn nicht und schreit vor Schmerz bei derart schädlicher Beanspruchung? Wieso gibt es kein Warnsignal? Ganz einfach, das Gehirn kann kein Warnsignal geben! Das Gehirn ist selbst Nervengewebe, es hat keine zusätzlichen eigenen Schmerzsensoren, es fühlt keinen Schmerz wie unser Daumen.

Wir könnten es endlos schädigen, ohne eine Schmerzwarnung zu bekommen. Haben wir keinen Kontakt zu dem noch tieferen Zentrum unseres Wesens, z. B. der Intuition unseres Bauches, die uns z. B. bei bedrohlichen Risiken sagt: *>>Das kann nicht gut für mich sein!<<* *oder >>Das ist Schwachsinn, das mache ich nicht mit.<<* sind wir schutzlos den äußeren Einflüssen ausgeliefert. – Hiermit schließt sich der Kreis, wir sind wieder bei dem tiefen Zentrum in unserer Körpermitte angelangt. Wir brauchen es dringend, um uns vor unserem hausgemachten mentalen Schwachsinn zu schützen.

Die Schwäche der großartigen menschlichen Errungenschaft mentales Denken ist ihre Unfähigkeit, sich vor sich selbst zu schützen, z.B. vor:
– Eingebildet sein, in dem ich die Bilderwelt mit der Wirklichkeit verwechsle, *hochnäsig sein,* in dem ich glaube, oben auf dem Mars weiterleben zu können, wenn ich die Erde ruiniert habe, *Ungehorsamkeit* gegen die Natur und das Leben, in dem ich auf die vielen heutigen Warnungen der Natur nicht hören will. *Geschmacklosigkeit,* in dem ich nicht mehr gesunde Naturkost von ge-

schmackloser technischer Nahrung unterscheiden kann.

Die Fähigkeit zur Bewusstwerdung, entsprechend den Eulenaugen der Pallas Athene, die im Dunklen sehen können, ist ein positiver Aspekt des Mentalen. Die Gefahr der totalen Spaltung des Großhirns und der damit verbundenen Selbstentfremdung bis hin zur Selbstzerstörung ist der dazu gehörende negative Aspekt. Er wird symbolisiert durch die Geburtshilfe mit der Axt bei Gottvater Zeus.

Fragen wir uns doch einmal mutig, inwieweit wir heute schon mehr Halbhirnigkeit, Schwachsinn oder Wahnsinn in uns tragen, als uns bewußt ist. Schon die beiden Weltkriege wurden als kollektiver Wahnsinn bezeichnet. Wenn der Mensch als Gemeinschaft die Erde, von der er lebt, und die Luft drumherum vergiftet, die er atmet, dann gibt es keinen treffenderen Ausdruck dafür als Wahnsinn. – Der Mensch schafft sich immer perfektere Fortbewegungsmittel und ist stolz darauf, wie schnell er sich bewegt ohne zu erkennen, daß er sich nicht aktiv selbst fortbewegt, sondern durch Maschinen bewegt wird. Ähnliches könnte man in Bezug auf seine manuelle Betätigung sagen. Er schafft sich maschinell Erleichterung für die einfachsten Handgriffe. Um Bewegungsmangel und mangelnde Körperaktivität wieder auszugleichen, verbringt er kostbare Zeit in Fitness Studios an stupiden Maschinen. – Ist das nur Schwachsinn oder bereits Wahnsinn?

Seiner Verkopfung (Überbewertung, Überakzentuierung des Mentalen) entsprechend, verlagert der Mensch Erfahrungen des Fühlens, Riechens, Schmeckens, Spürens auf nur eine Hirnhälfte und das dazu gehörende fixierende Auge bei Benutzung von Computer und Internet. Sind sexuelle Begegnungen virtuell über Bildschirm und Computertastatur nur Schwachsinn oder bereits Wahnsinn? –

Die Liste der Fragen ließe sich endlos verlängern.

Das mentale Bewußtsein ist charakterisiert durch den zielenden und eindringenden Sehstrahl, der immer feiner, immer spezialisierter (Spezialist) in das Kleinste und das Größte unserer Welt von uns ausgesandt wird. Dieser, das Dunkle und Unbewußte erhellende Sektor, wird immer enger und feiner, immer *beschränkter.* In unserer kindlichen Gläubigkeit an die Macht des Mentalen merken wir nicht, wie wir selbst ebenfalls immer *beschränkter* werden.

Früher tippte man sich als Autofahrer mit einem Zeigefinger an die Stirn (Stirn = lat. mens), um den Gegner im Straßenverkehr auf seine Beschränktheit, bzw. Schwachsinnigkeit hinzuweisen. Heute nimmt man mit dem Mittelfinger (Stinkefinger) Bezug auf Gesäß und Anus. Diese Verhaltensänderung könnte das erfreuliche Zeichen dafür sein, daß der Betreffende sich in einer Krise befindet, in der er sich vom reinen mentalen Schwachsinn auf den Sprung in das supramentale Bewußtsein vorbereitet. –

Ich habe unser derzeit überzogenes mentales Bewußtsein als ein unsere Einheit spaltendes, als ein zentripetales, uns von Ursprung und Selbst entfernendes Bewußtseinsmoment dargestellt. Die Übertreibung dieser grundsätzlich positiven, weil bewußtmachenden und Ich – fördernden Tendenz führt zu Selbstentfremdung im Persönlichen und Umweltzerstörung im Gesellschaftlichen. – Die Überbetonung des mental – wissenschaftlich, kopfigen Weltbildes fordert einen Ausgleich. Die Hinwendung nach rechts zu Zivilisation und Patriarchat entpuppt sich nur als halbsinnig, bzw. halb – sinnvoll. Diese Halbheit kommt in dem immer drängenderen Ruf nach neuem Sinn, neuer Sinnhaftigkeit und neuen Werten in allen Lebensbereichen zum Ausdruck. – Die heute zu beobachtende Hinwendung der abendländischen Gesellschaft zu Gesäß und Anus als unserem Natur- und Matriarchalanteil ist aus meiner Sicht Ausdruck dieses Ungleichgewichtes, dieser inneren Zerrissenheit und ein Anzeichen für den sich vollziehenden Bewußtseinssprung. Zu dem mentalen Schwachsinn, dem zu einseitig mental ausgerichteten halben Drehmoment nach rechts, bedarf es eines Ausgleichs durch ein zusätzliches linksdrehendes, wieder das Matriarchale und Erd-innere beleuchtende Drehmoment, den Gegen - Spin, bzw. dem Gegen – Sinn, ohne den es keine Stabilität im Universum gibt und der auch den kleinsten Teilen z. B. den Elektronen eigen ist. – Ein zu einseitig rechts akzentuierter Schwachsinn oder ein zu einseitig links akzentuierter Schwach-sinn müssen zwangsläufig zu Destabilisierung führen (z. B. der Krise und Destabilisierung unse-rer Umwelt). Der zukünftige Vollsinn führt zu einer neuen Stabilisierung auf einem erhöhten Bewußtseinsniveau, dem integralen oder supra-mentalen Bewußtsein.

Chaosforschung als verblüffende neue Beschäfti-gungsmöglichkeit menschlichen Geistes ist ein interessantes Beispiel für diese höhere Wahrneh-mungsebene. Auf der Suche nach neuer Sinnhaf-tigkeit und neuen Werten finde ich die Betrach-tung des Vorgangs beim Spinnen eines Fadens lehrreich. – Unser wissenschaftlicher Glaube und Stolz gehört noch immer dem Entwickeln neuer technischer Verfahren und Geräte. Es wird immer nur ent-wickelt, die Rede ist nie von einem wie-der be-wickeln der Spindel. Vielleicht verbirgt sich auch hinter diesem Mangel die mentale und patriarchale Unart, die Bodenschätze unserer Mutter Erde gedankenlos auszubeuten! Wir brau-chen bekanntlich dringend ein Umdenken in Be-

zug auf unseren Umgang mit unseren Boden-
schätzen. – Schauen wir deshalb auf die feinere,
höhere Ebene, die Ebene der Herstellung des Fadens. Hier entsteht aus dem Chaos ungeordneter
Tier- oder Pflanzenhaare durch Spin- und Gegen
– Spin, also Torquierung , ein geordnetes und
stabiles Fadenprodukt. Wiederaufdröseln des Fadens läßt uns das ursprüngliche Chaos erkennen.
*Spinnen, Torquieren, Spin und Gegenspin, Sinn
und Gegensinn zu vereinen, führt zu neuer
Struktur und Stabilität. Es ist die Stabilität und
Kraft des tiefen Zentrums in unserer Leibesmitte, der wir uns als zukünftige Menschheit anver-
trauen müssen, in dem die Einheit unseres materiellen Körpers mit seinem Energiefeld uns
bewußt wird.*

In diesem Zentrum sind wir mit Ursprung und
Gegenwart verbunden. Hier können wir das große
Geheimnis der Zeitfreiheit bewußt erleben. In
diesem Punkt akzentuieren wir eine neue Balance
zwischen Körper und Geist, zwischen Qualität
und Quantität.-

Wenn wir als Menschen den Sprung in die supramentale Bewußtseinsstufe nicht wagen, werden wir vielleicht selbst so werden wie die Masse unserer mental – wissenschaftlich - technisch entwickelten Nahrungsmittel: äußerlich fast gleich, schön anzusehen und durchweg überwüchsig aber geschmacklos und qualitativ eindeutig minderwertig.

Von Cheiron Knuth Sperber ist bereits erschienen

Die Maske hinter der Maske
Das Geheimnis der Zeit

Dieses Buch beschäftigt sich mit der Konkretisierung der Zeit. Es will dem Geheimnis Zeit seine Maske entreißen, die Maske, mit der die Zeit uns seit über zwei Jahrtausenden narrt. Es ist der Versuch, etwas Unfassbares und Unbegreifliches in die Welt einer sprachlichen Begrifflichkeit zu gießen.

Die Zeit hat uns im Griff. Erst wenn die Zeit für uns Menschen konkret wird, können wir hoffen, uns eines Tages aus unserer Versklavung zu befreien.

Seit der Relativierung der Zeit durch Albert Einstein ist ihr Schutzpanzer wieder zum Durchdringen freigegeben.

Der Autor versucht, etwas in höchstem Maße Numinoses und tief Mystisches anfaßbarer zu machen, es menschlich zu berühren.

Libri Books on Demand
ISBN 3-8311-0894-X